그린이 **정성화**

1976년 경남 충무에서 태어나 대학에서 시각 디자인을, 한겨레 일러스트레이션학교에서 그림책 과정을 공부했습니다. 2004년 한국 안데르센상 출판미술 부문 최우수상과 국제 노마 콩쿠르 일러스트레이션 상을 받았습니다. 그린 책으로는 《한글, 우리말을 담는 그릇》《만국기 소년》《춘향전》《아름다운 꼴찌》등이 있습니다.

이어령의
춤추는
생각 학교 ❸

누가 맨 먼저 생각했을까

첫판 1쇄 펴낸날 2009년 1월 10일
16쇄 펴낸날 2024년 11월 22일

지은이 이어령 **그린이** 정성화
발행인 조한나
주니어 본부장 박창희
편집 박진홍 정예림 강민영
디자인 전윤정 김혜은
마케팅 김인진
회계 양여진 김주연
인쇄 효성프린원 **제본** 신우인쇄

펴낸곳 (주)도서출판 푸른숲
출판등록 2003년 12월 17일 제2003-000032호
주소 경기도 파주시 심학산로 10, 우편번호 10881
전화 031) 955-9010 **팩스** 031) 955-9009
홈페이지 www.prunsoop.co.kr **인스타그램** @psoopjr
이메일 psoopjr@prunsoop.co.kr **제조국** 대한민국

Text copyright ⓒ이어령, 2009
Illustrations copyright ⓒ정성화, 2009

ISBN 978-89-7184-624-7 74170
      978-89-7184-621-6 (세트)

* 잘못된 책은 구입하신 서점에서 바꾸어 드립니다.
* KC 마크는 이 제품이 공통안전기준에 적합하였음을 의미합니다.
* 던지거나 떨어뜨려 다치지 않도록 주의하세요.
* 이 책 내용의 전부 또는 일부를 재사용하려면 저작권자와 푸른숲주니어의 동의를 받아야 합니다.

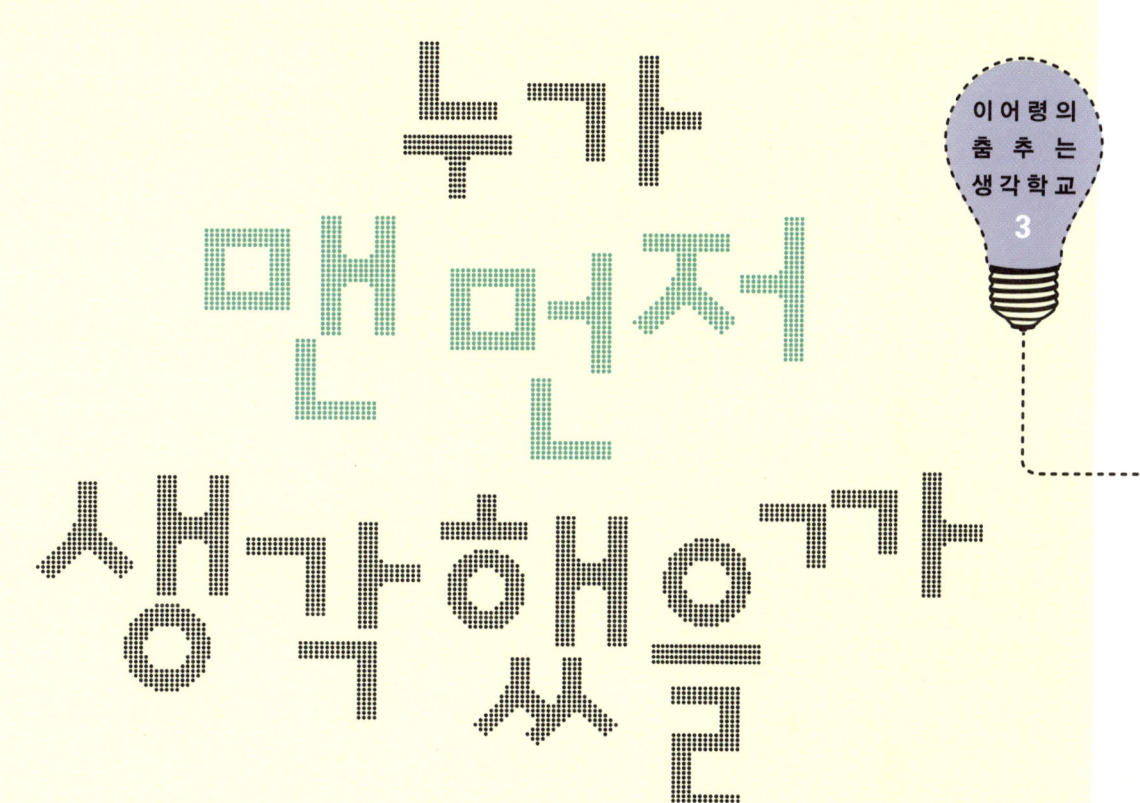

누가 맨 먼저 생각했을까

이어령의 춤추는 생각학교 3

이어령 글 | 정성화 그림

푸른숲주니어

글쓴이의 말

춤추는 생각 학교에 온 걸 환영한다!

이 책은 '나의 꿈, 나의 생각을 창조하는 마법의 춤 교실'이란다.

자유롭게 세상을 보려면
마음과 생각을 춤추게 해야 해.
걸음은 어떤 목적이 있어서 발을 옮기는 일이지만
춤은 즐겁고 신나서 몸이 저절로 움직이는 거야.

시험 기계란 말이 있잖아?
점수를 잘 받으려고 남이 가르쳐 준 대로
달달 외우기만 하면 재미도 없고
빠르게 변하는 세상을 따라갈 수도 없어.

생각을 춤추게 하라.
그리고 춤추듯 살아라.
삶은 즐겁고 아름다운 것이란다.

2009년 1월 이어령

| 차례 |

앞마당
작은 발견이 세상을 바꾼다 8

첫 번째 마당
생각의 실마리를 찾아라!
우연한 사건에서 위대한 발명으로, '아르키메데스의 원리' 12
생각의 틀 깨기 18

두 번째 마당
거짓말과 창의력은 종이 한 장 차이?
양치기 소년은 왜 거짓말을 했을까? 26
생각의 철조망을 걷어 내자 32

세 번째 마당
하늘 아래 새로운 발명은 없어
합치면 편하다, 더하기 발명 42
덜어 내면 빠르다, 빼기 발명 48

네 번째 마당
작은 아이디어가 세상을 바꾼다
세상에서 가장 질긴 바지, 리바이스 진 56
청바지가 만든 세상 64

다섯 번째 마당
옛것을 살피면 새것이 보여
기적의 약, 페니실린 70
조상들의 지혜에서 찾자 76

여섯 번째 마당

더 새롭게,
더 편리하게!

변신에 변신을 거듭하는 또 하나의 눈,
안경 84

바퀴에서 자동차까지,
발명은 진화한다 92

일곱 번째 마당

'필요'는
모든 발명의 출발점

쓸모없는 발명, 쓸모 있는 발명 100

내게 정말 필요한 게 무엇일까? 104

여덟 번째 마당

앗, 놀다 보니
놀라운 발명이!

물리학자 파인먼의 열정엔
비결이 있다 112

잊지 마. 멋진 생각은
쉼표에서 나온다는 사실! 116

뒷마당

천재는 스스로
만들어 가는 것 122

책 속의 책

나의 작은
발명 사전 125

앞마당

작은 발견이 세상을 바꾼다

전화를 맨 처음 발명한 사람이 그레이엄 벨이라는 건 너도 잘 알 거야. 그런데 비슷한 시기에 엘리샤 그레이라는 사람도 벨과 똑같은 전화를 발명했단다. 단지 벨보다 하루 늦게 특허를 내는 바람에 전화 발명가의 영광을 벨에게 내주고 말았지만 말이야. 안타깝게도 그레이는 아무도 기억하지 않는 역사의 뒤안길로 사라지고 말았지.

몇 초, 아니 0.1초 차이로 뒤져서 아깝게 금메달을 놓치는 경우를 운동 경기에서 종종 보았을 거야. 남보다 한 발짝 뒤진 것이 언뜻 보면 별것 아닌 것 같지만, 결과는 천 발짝, 만 발짝 차이가 난단다.

어디 이뿐이겠니. 제임스 와트는 물이 끓는 주전자 뚜껑을 유심히 관찰해서 세계 최초로 증기 기관을 만들었어. 이 발명으로 자신의 이름을 역사에 남겼을 뿐만 아니라, 조국인 영국이 세계 최초로 산업 혁명을 일으키는 데 결정적인 역할을 했지. 덕분에 한때 영국은 '해가 지지 않는 나라'로 불릴 만큼 번영을 누리기도 하였고.

우리나라는 한때 과학 분야에서 서양과 견주어 한참 뒤처져 있었지. 반도체 분야도 마찬가지였어. 하지만 우리 과학자들은 이 분야가 발전할 가능성이 무궁무진하다는 사실을 알고는 연구를 거듭했단다. 비록 시작은 작고 더뎠지만 눈물겨운 노력 끝에 서서히 서양을 따라잡기 시작했지. 결국 우리나라는 반도체와 관련된 세계 최초의 발명품을 내놓으면서 반도체 분야에서 가장 앞서 가게 되었어. 반도체는 현대 생활에 없어서는 안 될 컴퓨터의 가장 중요한 부분을 구성하고 있지. 말하자면 우리나라 과학이 현대 문명이 발전하는 데 결정적인 역할을 하고 있는 셈이야.

남들보다 먼저 생각하고 발명하는 건 이렇게 엄청난 결과를 가져오기도 한단다.

네 주변을 한번 살펴봐. 흔히 보는 텔레비전, 냉장고, 전화, 자동차, 진공청소기, 전기밥솥, 컴퓨터, 휴대 전화 같은 것들은 모두 누군가에 의해 발명되었기 때문에 우리가 쓸 수 있는 거잖아. 뭐, 아직까지는 다른 나라에서 먼저 만든 것들이 많기는 해. 하지만 반도체처럼 남들이 발명했어도 우리가 더 잘 만드는 것이 많아지고 있단다.

드디어 네 차례가 왔어. 남들이 미처 발견하지 못한 것을, 지금까지 아무도 발명하지 못한 것을 과연 네가 찾아낼 수 있을까? 어때, 가슴이 뛰지 않니?

미리 겁먹을 필요는 없단다. 왜냐하면 커다란 발명과 발견은 아주 작고 즐거운 생각에서부터 시작되곤 하거든. 바늘귀만큼 작은 것이라도 그것을 제대로 쓰면 세상을 바꿔 놓는 중요한 열쇠가 될 수 있어. 여기에서는 이렇게 작은 발명과 발견이 어떻게 세상을 바꿔 놓았는지, 나아가 어떻게 하면 새로운 발명과 발견을 할 수 있을지 이야기해 보려고 해. 꼼꼼히 읽고 생각하다 보면 틀림없이 너도 이 책 속의 주인공이 될 수 있을 거야. 그리고 바로 네가 우리나라를, 세계를 바꿔 놓을 거야.

첫 번째 마당

생각의 실마리를 찾아라!

우연한 사건에서 위대한 발명으로, '아르키메데스의 원리'

욕조의 물이 출렁이며 바닥으로 넘쳐흘렀어.
그것을 본 아르키메데스는 순간 어둠을 가르는 번개처럼
생각이 번쩍 떠올랐단다.

고대 그리스의 시라쿠사란 도시에서 있었던 일이야. 햇살이 따스한 어느 날, 조용하던 거리가 어느 순간 시끌벅적해졌어. 어떤 사람이 흥분을 감추지 못한 채 뭐라고 외치면서 거리를 뛰어다니는 거야. 듣자 하니 "유레카, 유레카!" 하고 소리치는 것 같았어. 민망하게도 그 사람은 옷을 하나도 걸치지 않고 있었지만 그런 것쯤은 거리낄 게 없다는 눈치였지. 처음에는 어리둥절하던 사람들이 뒤늦게야 벌거벗은 사내가 누군지 알아채고는 깜짝 놀랐어. 그 벌거벗은 사내는 바로 유명한 수학자이며 물리학자인 아르키메데스였거든.

너도 중학교에 가면 '아르키메데스의 원리'라는 것을 배울 거야. 아르키메데스는 바로 그 원리를 발견한 학자이지. 아르키메데스가 외친 '유레카'는 무슨 뜻일까? '유레카'는 그리스 말로 '발견하다'라는 뜻이야. 아르키메데스는 무엇을 발견했다는 걸까? 도대체 무엇을 알아냈기에 벌거벗은 채 거리로 뛰쳐나왔을까? 여기에는 아주 재미있는 뒷이야기가 숨어 있단다.

그 당시 시라쿠사를 다스리던 히에론 왕은 어느 날 세공사에게 순금 덩어리를 주며 새 왕관을 만들라고 명령했어. 세공사란 금이나 은으로 장신구를 만드는 기술자를 말해. 그런데 왕관을 만들게 된 세공사는 속임수를 잘 쓰기로 소문난 사람이었어. 순금보다 가치가 떨어지는 은이나 구리를 섞어서 장신구를 만들고는, 남은 순금을 몰래 빼돌리고는 했대. 합금 기술은 또 어찌나 뛰어났는지, 그 장신구가 순금인지 다른 금속을 섞은 것인지 구별하기도 어려웠다는구나.

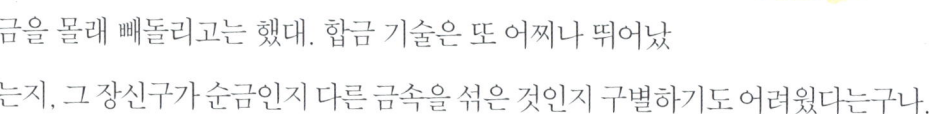

이번에도 세공사는 아주 멋진 왕관을 만들어서 히에론 왕에게 바쳤어. 왕은 그 세공사가 속임수를 잘 쓴다는 소문을 들은 터라, 순금만 사용했는지 아니면 다른 금속을 섞었는지 의심하지 않을 수 없었지. 그래서 당시 가장 이름 높은 수학자였던 아르키메데스를 불러서 부탁했어.

"이 왕관에 내가 그 세공사에게 준 순금이 그대로 다 들어갔는지 알아보아라. 하지만 왕관을 조금이라도 망가뜨려서는 안 된다."

아르키메데스는 걱정이 이만저만 아니었어. 왕관 전체의 부피를 알아야 순금으로 만들어졌는지 아니면 다른 금속이 섞였는지 알 수 있을 텐데, 왕관은 장식도 많이 달려 있고 아주 복잡하게 만들어져 있어서 도무지 그 부피를 계산할 수가 없었던 거야. 그는 규칙적인 모양을 한 물체의 부피를 계산해 내는 데는 자신 있었지만, 왕관처럼 복잡한 모양으로 만들어진 물체의 부피를 계산하는 방법은 아직 알지 못했거든. 아르키메데스는 어떻게 하면 왕관의 부피를 알아낼 수 있을까 고민했어.

아르키메데스는 평소 무엇을 연구할 때에 목욕탕에 들어가 생각하는 버릇이 있었단다. 왕관 때문에 골치가 아파진 그는 습관대로 물이 가득 찬 욕조 속으로 텀벙 들어갔지. 욕조의 물이 출렁이며 바닥으로 넘쳐흘렀어. 그것을 본 아르키메데스는 순간 어둠을 가르는 번개처럼 생각이 번쩍 떠올랐단다.

'바로 이거야! 지금 바닥으로 흘러내린 물은 내 몸의 부피만큼이지. 그래, 물을 가득 채운 그릇에 왕관을 넣은 다음 넘쳐흐른 물의 양을 조사하면 왕관의 부피를 알 수 있겠구나. 금과 은, 구리는 그 무게가 다르니까, 무게를 맞추자면 자연히 부피가 다를 수밖에 없지. 이제 됐어. 이 방법을 쓰면 순금만을 써서 만든 진짜인지, 아니면 다른 금속을 섞어 무게만 같게 만든 가짜인지 금세 알아낼 수가 있어. 먼저 왕이 세공사에게 건넨 것과 똑같은 순금을 물속에 넣어 넘친 물의 부피를 재고 나서, 세공사가 만든 왕관을 넣었을 때 넘친 물의 부피와 비교해 보는 거야. 그러면 왕관이 순금으로만 만들어졌는지 다른 금속과 섞였는지 확실하게 알 수 있지.'

이 원리를 깨달은 아르키메데스는 너무나 기쁜 나머지 "유레카, 유레카!" 하고 소리치면서 목욕탕에서 뛰쳐나갔던 거야. 자신이 벌거벗었다는 사실도 잊고 말이야.

이렇게 무엇을 발견하는 것, 이치를 깨닫는 것은 그 무엇보다 즐거운 일이란다. 사람이 생각할 수 있는 능력을 갖추었다는 사실만큼 값지고 즐거운 것은 없어. 생각의 힘이 얼마나 크고 소중한지 아직 잘 모르는 친구도 있을 거야. 어떤 친구는 이 이야기를 듣고 이렇게 생각할지도 모르겠구나.

'세공사를 잡아다 금을 얼마나 떼어먹었냐고 심문하며 곤장 몇 대 때리면 알 수 있는 일을 가지고 수학자까지 불러다 요란을 떨 게 뭐람.'

하지만 그것은 머리를 써서 범인을 잡는 것이 아니라 폭력으로 범죄를 자백하게 만드는 거잖아. 폭력을 사용하다 보면 간혹 억울한 사람이 벌을 받는 일도 생기게 마련이야. 또 권력을 함부로 휘두르는 왕은 결국 백성들의 원망을 듣게 되겠지.

인간이 동물과 다른 이유는 폭력이 아니라 머리로 문제를 해결하기 때문이야. 그런데도 모든 걸 폭력으로만 해결하려고 한다면 사람의 사고와 지능은 더 이상 발전할 수 없고 결국은 쓸모없어지고 말 거야.

게다가 폭력은 한 번밖에 효력이 없지만, 머리를 써서 알아낸 아르키메데스의 원리는 영원히 효력을 발휘하여 다시는 가짜 왕관을 만들지 못하도록 만들었잖아.

생각의 틀 깨기

생각이 껍질을 깨뜨리고 터져 나오는 순간,
세상은 새롭게 다가와 온통 빛나는 영감으로 가득하게 될 거야.

아르키메데스뿐만 아니라 사람들은 모두 목욕을 해. 또 욕조에 몸을 담글 때 물이 넘쳐흐르는 걸 보기도 했을 테고. 그런데 왜 아르키메데스만 그걸 보고 "유레카!"라고 외치고, 다른 사람들은 아무 생각도 하지 못했을까?

그건 아르키메데스가 목욕탕에서 몸에 낀 때만 벗긴 것이 아니라 마음과 머리의 때도 함께 벗겼기 때문일 거야. 여기서 머리의 때를 벗겼다는 말은 머리를 감았다는 게 아니라, 생각을 만들어 내는 두뇌의 때를 씻어 냈다는 뜻이야.

우리는 어느 순간 자기 의지와는 상관없이 생각을 도와주는 결정적인 실마리를 만날 때가 있어. 이런 걸 흔히 '영감'이라고 부른단다. 하지만 사람들은 대부분 번개처럼 스치는 그 순간이 더없이 좋은 기회라는 사실을 모르고 그냥 지나치고 말지. 이 영감을 자기 것으로 만들기 위해서는 평소 많은 생각과 지식을 쌓아야 해.

누군가 스치는 영감을 붙잡아 위대한 발견을 하고 나면 때로는 그 원리가 아주 쉽고 당연한 것처럼 보이곤 해. 사람들은 그때서야 '그런 기회가 찾아왔다면 나 같아도 발견해 낼 수 있겠다.' 하고 아쉬워하지. 하지만 그 사람에게 필요한 건 목욕탕에서 넘치는 물을 보는 우연한 기회가 아니라, 그전까지 쌓아야 할 지식과 고민이라고 할 수 있지. 다시 말해 우연한 영감을 붙잡기 위해 가장 필요한 것은 쉼 없는 노력이라는 진리를 잊어서는 안 돼.

'아무리 노력을 해도 영감이 떠오르지 않으면 어떡하지?' 하고 걱정하지는 마. 그 우연한 영감의 실마리는 우리 주변에 항상 존재하고 있으니까. 우리가 생각의 틀을 깨는 순간, 세상 어느 것도 새롭지 않은 게 없어. 우리 주변에서 벌어지는 모든 일이 빛나는 영감으로 다가올 거야.

이게 무슨 얘기냐고? 한 가지 예를 들어 보자.

여기 암탉이 갓 낳은 달걀이 있다고 치자. 겉으로 보기에 암탉이 품은 알은 단단한 껍질에 싸여 아무런 움직임도 없는 것처럼 보여. 하지만 그 안에서는 한 생명을 세상에 내보내기 위한 놀라운 일이 벌어지고 있지. 첫날 노른자 둘레로 붉은 핏줄이 보이고, 이튿날에는 머리, 눈, 심장, 생식기 들이 생기고, 사흘째는 뇌가 제 모습을 갖춰 가지. 닷새째는 얼굴과 코와 눈이 생겨나고, 날개와 다리 형태도 보여. 열흘이 넘으면 드디어 어엿한 병아리 모양을 갖추지. 그리고 스무하루째가 되면 서서히 껍질을 깨기 시작해. 껍질을 깨고 나온 병아리가 삐약삐약 첫 울음소리를 터트리는 순간, 드디어 한 생명이 세상에 태어났다고 말할 수 있지.

갑갑하고 어둡고 단단한 껍질을 깨고 나온 병아리가 처음 본 세상은 어떤 모습일까? 주변에 보이는 모든 것이 축복과 기적의 연속일 거야. 세상 모든 것이 호기심의 대상이자 새로이 배워야 할 것들로 보이겠지.

우리 생각도 병아리가 알을 깨고 나오는 과정과 비슷해. 생각이 갇혀 있으면 세상은 그저 어둠에 싸여 답답하게 흘러갈 뿐이지. 하지만 생각이 껍질을 깨뜨리고 터져 나오는 순간, 세상은 새롭게 다가와 온통 빛나는 영감으로 가득하게 될 거야. 마치 세상과 처음 만나는 병아리처럼 말이야.

　그런데 말이야. 병아리가 알 속에서 세상 밖으로 나오는 그 순간에 아주 놀라운 비밀이 하나 더 숨어 있단다. 알 속의 병아리에게 그 딱딱한 껍데기를 깨는 일은 여간 힘에 부치지 않아. 바로 그때, 알을 품고 있던 어미 닭이 부리로 껍데기를 살짝 쪼아서 금이 가게 해 준대. 병아리가 쉽게 알에서 나오도록 도와주는 거지. 그렇지만 껍데기를 다 깨 줄 수는 없어. 자칫 잘못하면 어미의 부리가 알 속의 병아리까지 쪼아 버릴 수도 있으니까. 또 다치지 않고 나왔더라도 어미닭이 다 깨 놓은 알에서 나온 병아리는 비실비실해서 제대로 걷지도 못하고 결국 병들거나 죽고 말아. 그러니까 어미 닭은 알 껍데기에 금만 살짝 가게 하고 나머지는 병아리가 스스로 깨고 나올 수 있도록 도와주는 거란다. 병아리는 껍질을 깨면서 스스로 세상을 살아갈 힘을 기르는 거지.

마찬가지로 너에게도 생각의 알을 깰 수 있도록 도와줄 사람이 필요해. 너 혼자 그 모든 생각에 생명을 불어넣기는 힘들어. 네 생각의 알을 쪼아 금을 내 줄 부리를 찾아야지. 그래, 선생님 말이야. 학교 선생님뿐만 아니라, 네 힘만으로 풀 수 없는 문제를 해결할 수 있게 도와주는 사람은 모두가 선생님이야. 어른들, 친구들, 심지어는 어린 동생이라고 해도 네 생각을 에워싸고 있는 껍데기에 금을 내 준다면 다 선생님이지.

　지금 네 마음속에서 조용히 자라고 있는 생각에게 자꾸 말을 걸고 힘을 북돋아 줘. 교실에서, 놀이터에서, 집에서, 어느 곳에서건 생각을 키워 갈 수 있어. 그렇게 하다 보면 네 생각도 어느 날 세상으로 나와 한껏 기지개를 켤 날이 올 거야. 달걀 안에서 조금씩 자란 병아리가 어느 순간 껍질을 깨고 나오듯이 말이야.

양치기 소년은 왜 거짓말을 했을까?

거짓말은 나쁘지만, '거짓말을 하면 어떤 일이 벌어질까?' 하고 상상해 보는 것까지 나쁘다고 할 수는 없어.

늑대가 온다고 번번이 거짓말을 해서 마을 사람들을 놀라게 한 이솝 우화 속의 양치기 소년, 모두 알고 있지? 거짓말을 하면 선생님이나 어른 들이 으레 그 이야기를 들려주었을 테니까 말이야.

이야기 속의 그 소년은 결국 거짓말 때문에 귀중한 양들을 다 잃었지. 진짜 늑대가 나타났을 때 아무도 소년의 말을 믿지 않았기 때문에 말이야. 그 이야기를 들으면 이 세상에 거짓말처럼 무서운 것도 없다는 생각이 들어.

그런데 말이야. 그 양치기 소년은 왜 마을 사람들에게 거짓말을 했을까? 대부분 그 이야기를 들으면서 거짓말이 나쁘다는 생각은 했겠지만, 소년이 거짓말을 한 이유에 대해서는 별로 생각해 보지 않은 것 같구나. 양치기 소년이 왜 그런 거짓말을 했는지 우리 한번 곰곰이 생각해 보자.

자, 이제부터 네가 그 양치기 소년이 되어 매일 양 떼를 몰고 풀밭에 나가서 하루 종일 지루한 시간을 보내야 한다고 생각해 봐. 언제 보아도 똑같은 벌판, 똑같은 나무, 그리고 똑같은 풍경뿐이지. 하늘을 올려다보아도 양 떼처럼 여기저기 흩어져 있는 흰 구름밖에 없어. 양들은 풀을 뜯어 먹는 재미라도 있겠지만, 그걸 지켜보고 있는 양치기는 얼마나 심심하겠니.

이렇게 아무것도 하지 않고 있으면 정말 좀이 쑤시고 온갖 생각이 다 들어. 네가 장난을 쳐서 말썽을 일으키는 순간도 바로 그런 때일 거야. 아무 변화도 없고 아무 일도 일어나지 않는 하루하루가 되풀이되면 너는 어떻게 하겠니? 끝내는 지루함을 견디지 못해 무슨 일이건 벌이겠지.

그 양치기 소년도 지루함을 견디다 못해 늑대가 나타나는 상황을 상상하다가 실제 일어난 일인 것처럼 연극을 해 본 거야. 그런데 "늑대가 나타났다!" 하고 한마디 외치는 순간 모든 것이 변했지. 잔잔한 호수에 돌을 던졌을 때처럼, 마을에는 파도가 일고 사람들이 움직이기 시작했어. 소리 지르는 사람, 몽둥이를 들고 나오는 사람, 도망치는 사람……. 지금까지 눈길 한번 주지 않던 사람들 시선이 일제히 소년에게 쏠렸지.

"늑대는 어디에 있니?"

"얼마나 큰 녀석이더냐?"

"몇 마리나 돼?"

"양을 물어 갔니?"

양치기 소년은 아마 그 연극을 한 다음 벌판을 향해서 커다란 소리로 이렇게 외쳤을지도 몰라.

"나는 살아 있다! 나는 살아 있다!"

거짓말은 물론 나빠. 그렇지만 '심심하고 따분한 시간에 늑대가 나타난다면 무슨 일이 벌어질까?' 하고 상상해 보는 것까지 나쁘다고 할 수는 없어. 상상력이 풍부한 걸로 치자면 영국 사람들이 인도와도 바꾸지 않겠다고 한 유명한 극작가 셰익스피어도 양치기 소년과 별로 다를 것이 없잖아. 다만 셰익스피어는 자신이 쓴 작품을 극장에서 공연했고, 소년은 현실 속에서 연극을 했다는 것만 다를 뿐이지.

그런데 결과는 엄청나게 달랐어. 세익스피어의 상상은 사람들 모두를 즐겁게 했지만, 양치기 소년의 상상은 마을 사람 전체를 두려움에 떨게 만들었으니까 말이야. 그렇지만 그 양치기 소년이 다른 양치기들과는 달리 주어진 처지에 머무르지 않고 무엇인가 새로운 변화를 원하고 새로운 상상을 했다는 사실만은 인정해야 할 것 같구나. 소년에게는 창의성이 있었다는 뜻이니까 말이야. 다만 새로운 생각을 드러내는 방법과 목적이 빗나갔을 뿐이지.

생각의 철조망을 걷어 내자

조셉이 위대한 까닭은 철조망을 발명했다는 단순한 사실이 아니라,
자기 마음속 철조망을 걷어 냈다는 데 있어.

양 치는 목동 이야기 하나 더 들려줄게.

지금부터 120여 년 전 일이야. 미국 오리건 주에 조셉 글리든이라는 양 치는 목동이 살고 있었단다. 그도 거짓말쟁이 양치기 소년처럼 그리 부지런한 목동은 아니었나 봐. 조셉이 기르는 양들은 걸핏하면 목장 울타리를 넘어가서 남의 집 밭을 헤집어 놓았고, 또 도망쳐서 영영 돌아오지 않기도 했다니 말이야.

그런데도 조셉은 양들을 열심히 지키는 일보다는 이런저런 허튼 생각을 하는 데 더 열심이었어. 예를 들면 어떻게 해야 양들이 도망치지 못할까 하는 궁리 같은 것 말이야. 다른 사람들이 보기에는 게으르고 잔꾀만 부리는 한심한 목동이었지. 그러던 어느 날, 조셉은 양들이 언제나 철사로 만든 울타리 쪽으로만 도망친다는 사실을 발견했어. 들장미 덩굴이 있어서 굳이 울타리를 치지 않은 쪽으로는 단 한 마리도 도망치지 않았던 거야. 그걸 보고 조셉은 생각했지.

'옳지. 이제 보니 이 녀석들은 가시를 무서워하는구나.'

33

조셉은 양들이 도망가지 못하도록 울타리 주변에 가시나무를 둘러야겠다고 생각했어. 숲으로 가서 가시넝쿨을 베어 왔지. 그런데 가시넝쿨을 두르려다가 또 다른 생각이 떠올랐어.

'아예 철망에 가시를 만들어 붙이면 어떨까?'

조셉은 철사를 짧게 잘라 가시처럼 만든 다음 구부려서 철사에 붙여 보려 했지만 쉽지 않았어. 그래서 철사를 두 겹으로 만들고 그 사이에 쇠가시를 구부려 끼워 보았지. 그랬더니 훌륭한 가시 철조망이 되지 않았겠니.

조셉의 예상은 딱 맞아떨어졌지. 군데군데 뾰족한 가시가 돋아 있는 철사는 양들을 겁에 질리게 했어. 몇몇 용감한 양들이 달려들었다가 철조망 가시에 찔려 비명을 질러 댔지. 그런 다음부터 양들은 철조망 근처에 아예 얼씬도 하지 않았어. 양뿐만 아니라 다른 가축들을 가두는 데에도 가시 철조망은 아주 효과적이었단다.

사실 그때까지 사용해 오던 밋밋한 철사 울타리는 아무리 튼튼하게 쳐 놓아도 소나 말이 한꺼번에 몰려들면 쉽게 구부러졌고, 군데군데 박아 놓은 기둥까지 뽑혀서 쓰러지기 일쑤였어. 그나마도 여름에는 느슨하게 늘어지고 겨울에는 줄어들어 끊어지는 일이 많았지. 그 바람에 울타리를 자주 바꿔 줘야 했으니 얼마나 번거로웠겠니. 그런데 철사를 겹으로 꼬고 사이사이 쇠가시를 끼워 넣은 철조망을 만들자 이 모든 일이 한꺼번에 해결된 거야. 조셉은 양을 지켜야 하는 지겨운 일에서 드디어 해방되었어.

조셉은 내친김에 그 철조망을 다른 목장 주인에게도 팔아 보기로 했어.

조셉의 철조망은 미국 서부의 목장 일을 크게 변화시켰어. 철조망이 공장에서 대량 생산되자 아무리 넓은 들판이라도 충분히 튼튼한 울타리를 칠 수 있게 되었지. 특히 소나 말 떼를 몰고 이동하는 목장에서 철조망은 없어서는 안 될 필수품이 되었어. 철조망을 둘둘 말아서 마차에 싣고 다니다가 그냥 내려놓기만 하면 훌륭한 목장 울타리가 되었으니 얼마나 편리했겠니.

좀 안 좋은 경우이기는 하지만, 철조망은 목장뿐만 아니라 전쟁터에서도 많이 쓰였어. 철조망이 본격적으로 전쟁에 이용된 것은 제1차 세계 대전 때였단다. 당시 전쟁터에 숱하게 나뒹굴던 철조망에는 언제나 많은 병사의 시체가 걸려 있었어. 철조망에 옷이나 무기가 걸려 허우적대다가 빗발치는 총알을 피할 수 없었던 거지. 지금도 사람들 출입을 막는 곳에 철조망이 세워져 있는 경우가 많아. 그러고 보니 우리나라 휴전선에도 철조망이 쳐 있네.

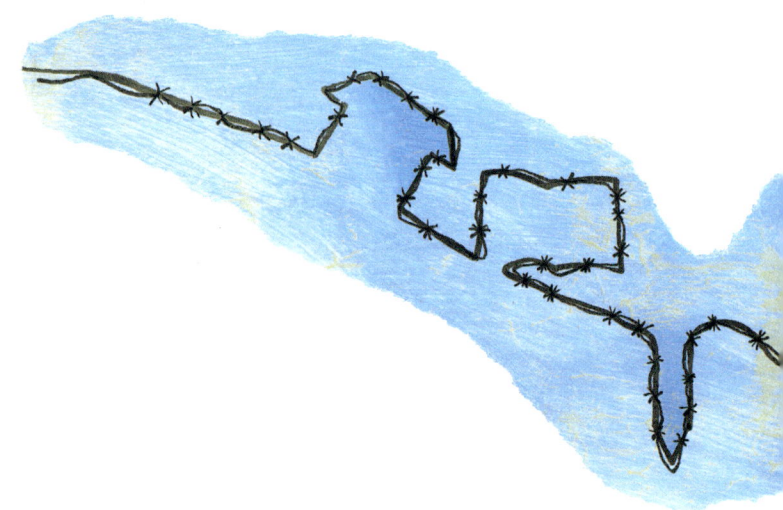

조셉이 철조망을 발명한 건, 한편으로 아주 의미심장한 상징처럼 느껴져. 철조망은 무얼 가두는 거잖아. 그런 의미에서 눈에 보이지 않는 철조망도 무수히 많아. 눈을 감고 생각해 봐. '내 안에는 어떤 철조망이 있을까?' 하고 말이야. 남자라서, 여자라서, 어린이라서, 집이 가난해서, 공부를 못해서, 운동을 못해서, 키가 작아서, 한국에서 태어나서 무얼 못한다고 생각한 적이 있지 않니? 그렇다면 네가 그 안에 갇혀 꼼짝할 수 없으니 그게 철조망이지 뭐야. 마음속 철조망이 많을수록 할 수 있는 게 점점 줄어들어. 그게 자기 스스로 쳐 놓은 덫이라는 사실도 잊고 말이야. 조셉이 위대한 까닭은 철조망을 발명했다는 단순한 사실이 아니라, 자기 마음속 철조망을 걷어 냈다는 데 있어.

조셉을 보고 게으른 목동이라고 손가락질하던 사람들이 미처 알지 못한 것이 하나 있어. 바로 조셉이 양치기 일에 머무르지 않고 끊임없이 뭔가 새로운 걸 꿈꿨다는 사실이야. 조셉은 남들과 똑같은 일을 되풀이하기보다는 무엇인가 새로운 생각을 하는 일에 머리를 썼어. 겉으로 보기에는 아무것도 하지 않는 게으름뱅이였지만 속으로는 부지런히 많은 생각을 하고 있었던 거지.

양치기는 아침에 가축을 몰고 나가서 하루 종일 풀을 먹이고는 해가 뉘엿뉘엿 질 즈음에 집으로 돌아오는 게 일이지. 때로는 몇 날 며칠을 소와 양을 몰며 초원을 돌아다니기도 하고 말이야. 이렇게 일 년 365일 늘 똑같은 일이 되풀이되니 새로운 변화라는 게 있을 리 없어. 양 치는 일이 의미 없다거나 하찮다는 뜻이 아니라, 자신에게 맞건 맞지 않건 모두들 그 일을 운명처럼 받아들이는 게 문제라는 거야. 생각해 봐. 조셉처럼 양 치는 일을 재미 없고 심심하다고 느낀 사람이 한둘이었겠어? 하지만 남들이 게으르다고 손가락질할까 봐, 또는 주어진 일이니 어쩔 수 없이 양치기로 살아갔겠지. 하지만 조셉은 남들이 뭐라 하건 자신을 둘러싼 철조망 같은 현실에 얽매이지 않았어.

그래서 양들이 들장미 덩굴이 있는 곳에 가지 않는다는 사실을 남보다 먼저 알았고, 양들을 가두는 철조망도 생각해 냈지. 아무 생각 없이 온종일 양 떼만 지켜보는 양치기라면 결코 발명할 수 없었을 거야.

늘 반복되는 일 속에 무기력하게 빠져 있는 것이 아니라, 그 상황을 이겨 내려는 사람만이 독창적인 발명을 할 수 있단다. 이솝 우화 속의 양치기 소년도 조셉처럼 무엇인가 발명을 하는 쪽으로 상상력과 창의력을 발휘했다면 큰사람이 되었을지도 모르지.

잘 비교해 보렴. 거짓말을 일삼으며 사람들을 놀린 양치기 소년과 창의적인 발명품을 만들어 낸 게으른 목동을 말이야. 둘 다 남들과 다르게 새로운 무언가를 생각해 냈지만 결과는 아주 달랐지. 이처럼 거짓말과 창의력은 종이 한 장 차이야. 이제 네가 어떤 목동이 될지를 결정하는 일만 남았어.

세 번째 마당

하늘 아래 새로운 발명은 없어

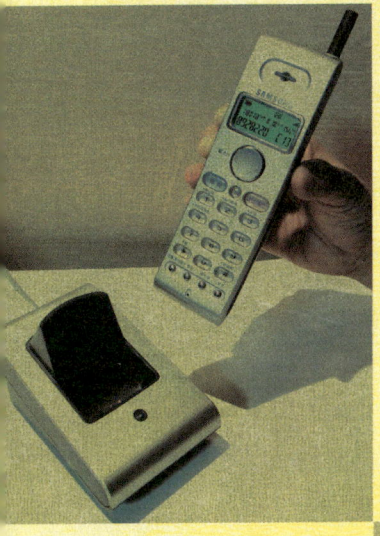

합치면 편하다, 더하기 발명

원래 있던 발명품에 새로운 날개를 달아 주는 것,
그게 바로 더하기 발명이라고 할 수 있어.

1867년, 미국 필라델피아에서 있었던 일이야. 도시 변두리 아주 허름한 집에 하이멘 리프먼이라는 사람이 살고 있었어. 하이멘의 집은 너무 가난했어. 아버지는 하이멘이 어릴 때 돌아가시고 어머니가 근근이 살림을 꾸려 갔지. 하이멘도 초등학교를 마치고 곧바로 일자리를 구해야 했어. 다행히 하이멘은 그림 솜씨가 아주 빼어나서 사람들 초상을 그려 주면서 돈도 벌고, 커서 화가가 되겠다는 꿈도 키워 갔지.

사람들은 구김살 없이 즐거운 얼굴로 일하는 하이멘을 좋아했어. 게다가 그림 솜씨도 나무랄 데 없으니 늘 일거리가 밀렸지.

그런데 하이멘에게 한 가지 골치 아픈 일이 있었어. 워낙 방이 좁고 살림살이로 가득하다 보니 잠깐 한눈파는 사이에 지우개가 없어지곤 하는 거야. 그러면 하이멘은 그림을 그리다 말고 조그만 지우개를 찾아 한참이나 방 안을 뒤져야 했단다. 당시만 해도 지우개는 아주 귀했어. 가난한 하이멘에게는 아주 값비싼 물건이었지.

어지럽게 널린 책상과 방바닥을 뒤지며 지우개와 숨바꼭질을 하던 하이멘은 어느 날 꾀를 하나 냈어.

지우개에 구멍을 내고 실로 엮어 책상에 묶어 놓는 방법을 생각한 거야. 하이멘은 '이제 지우개가 도망칠 일은 없겠지.' 하며 뿌듯해 했어. 하지만 이 방법도 얼마 안 가 문제가 생겼어. 구멍을 뚫은 자리가 갈라져 지우개가 금세 조각나 버렸거든.

결국 지우개와의 숨바꼭질이 다시 시작되었어. 한창 그림을 그리다가도 지우개를 찾느라 리듬이 깨져서 그림을 망치기 일쑤였지.

'어떻게 하면 지우개를 잃어버리지 않고 필요할 때마다 쓸 수 있을까.'

하이멘은 머리를 굴려 보았지만 도무지 좋은 방법이 떠오르지 않았어.

머릿속이 복잡해진 하이멘은 애꿎은 지우개를 연필로 쿡쿡 찔렀어. 그런데 그 순간 뭔가가 눈길을 사로잡았어. 연필이 지우개에 박혀 빠지지 않는 거야. 하이멘은 자리에서 벌떡 일어났어.

'그래, 이거야!'

하이멘은 얼른 양철 조각을 구해 왔어. 그러고는 연필과 지우개의 연결 부분을 그 양철 조각으로 단단히 조였지. 좀 엉성했지만 결과는 대성공이었단다. 연필 끝에 붙은 지우개는 하이멘이 필요할 때마다 "나 여기 있어요!" 하고 외치는 듯했지. 그 뒤로 하이멘은 지우개 때문에 골치를 썩이지 않아도 되었어.

그뿐이 아니야. 하루는 친구가 놀러 와서 연필 끝에 달린 지우개를 보고는, 그걸 상품으로 만들어 내다 팔면 크게 인기를 끌 거라고 장담했어. 하이멘은 친구의 말대로 특허를 내고 한 연필 회사에 특허권을 팔았단다. 공장에서 대량으로 생산된 지우개 달린 연필은 날개 돋친 듯 팔려 나갔지. 지우개 달린 연필을 발명한 하이멘도, 그 특허권을 산 연필 회사도 큰 성공을 거뒀어.

네가 쓰는 연필 가운데에도 지우개가 달린 게 있을걸. 그게 바로 가난한 화가 하이멘의 작지만 위대한 발명품이란다.

하이멘의 발명 이야기를 듣고, 이미 있던 물건을 합쳤을 뿐인데 그게 무슨 대단한 발명이냐며 비웃는 친구가 있을지 몰라.

그래, 지우개나 연필은 이미 널리 써 오던 물건이지. 하지만 이 두 개를 하나로 합치려는 시도는 하이멘이 처음 한 거야. 지우개 달린 연필이 불티나게 잘 팔린 것만 봐도 지우개를 자꾸 잃어버려서 불편해 하는 사람이 많았다는 걸 알 수 있잖아. 하지만 어느 누구도 연필 끝에 지우개를 달 생각은 못했지. 분명 지우개가 연필에 낀 걸 본 사람이 있었을 텐데도 말이야.

"여기서 뭘 더 새로운 걸 찾을 수 있겠어?" 하고 생각을 닫아 버리면 더 이상 발명은 없을 거야. 하지만 이미 있던 물건을 더하는 것만으로도 이렇게 쓸모 있는 발명품이 나오잖아. 하이멘은 남들이 별 생각 없이 지나치는 것을 새로운 생각으로 연결할 줄 아는 눈을 지녔던 거지. 그런 남다른 생각이 바로 하이멘의 이름을 빛내 주었단다.

이렇듯 원래 있던 발명품에 날개를 달아 주는 것, 그게 바로 더하기 발명이라고 할 수 있어. 지우개 달린 연필 말고도 우리 주변에서 흔히 볼 수 있는 더하기 발명 사례는 많아. 전화기도 더하기 발명의 결과란다. 예전에는 말을 보내는 부분인 송화기와 말을 듣는 부분인 수화기가 따로 떨어져 있었어. 두 손으로 각각 하나씩 들고서 사용해야 했지. 그런데 송화기와 수화기를 한데 합쳐 놓은 전화기가 발명되자 이런 불편함이 싹 사라졌어. 이밖에 바퀴와 신발을 합친 롤러블레이드, 자명종과 시계를 합친 자명종 시계, 냉장실과 냉동실을 합친 냉장고, 카세트와 라디오를 합친 카세트 라디오 같은 물건들도 모두 더하기 발명이 이뤄 낸 발명품이야.

덜어 내면 빠르다, 빼기 발명

빼기 발명은 복잡한 것을 간단하게,
무거운 것을 가볍게 바꾸어 놓지.

또 다른 발명 이야기 하나 들려줄게. 이번 건 꽤 최근 이야기야. 미국 스탠포드 대학에서 컴퓨터 공학을 공부하던 래리 페이지와 세르게이 브린이라는 두 친구가 있었어. 둘 다 당시 한창 주목받던 인터넷에 관심이 많았지. 특히 어떻게 하면 더 빠르고 정확하게 정보를 찾을 수 있을까 하는 연구에 몰두했어.

3년에 걸친 노력 끝에 마침내 둘은 새로운 인터넷 검색 프로그램을 개발해 냈어. 검색 프로그램이 뭐냐고? 숙제를 하다가 어떤 정보가 필요할 때 넌 어떻게 하니? 아마도 인터넷에서 정보와 관련된 단어를 입력하겠지. 그러면 인터넷 화면에는 그것과 관련된 수많은 정보가 가득 뜨지. 검색 프로그램은 이렇게 인터넷상에 존재하는 정보를 검색해 주는 기능을 말해. 래리와 세르게이는 자신들이 발명한 아이디어를 가지고 크고 작은 인터넷 회사를 찾아다녔지. 하지만 둘을 반겨 주는 회사는 어디에도 없었단다. 다들 어이없다는 표정으로 손을 내저었지.

1998년 당시 인터넷에는 쟁쟁한 포털 사이트들이 우수한 검색 프로그램을 갖추고 터줏대감처럼 자리를 잡고 있었어. 그런데 래리와 세르게이는 왜 또 새삼스럽게 검색 프로그램을 만들었을까? 둘은 오직 사람들이 필요한 정보만 검색해 주는 프로그램을 만든 거야. 하지만 이건 인터넷 회사로서는 도저히 받아들일 수 없는 아이디어였어. 왜냐고?

네가 자주 가는 포털 사이트에 들어가 볼래? 첫 화면을 띄우자마자 정치, 경제, 문화, 연예, 음악, 영화, 여행, 책……. 이렇게 다 헤아리기도 벅찰 만큼 많은 정보가 시선을 어지럽혀. 이 정보들은 서로 눈에 잘 띄는 곳에 자리 잡으려고 온갖 화려한 문구로 치장을 하지. 어느 순간에는 어떤 정보를 찾으려고 왔는지도 모른 채 이리저리 떠다니는 느낌이 들곤 해. 또 검색 창에 검색어를 쳐 보면, 정보와 관련된 회사나 상품이 먼저 화면을 가득 채워. 정작 필요한 정보를 얻으려면 여기저기를 한참 뒤져 봐야 하지. 게다가 클릭을 할 때마다 우리 눈과 귀를 사로잡으려는 광고 화면이 쉴 새 없이 쏟아져 나와.

사실 인터넷 회사로서는 이렇게 화면에 광고를 띄울 수밖에 없어. 광고를 띄워야 광고비를 받을 테고, 그 돈으로 회사를 운영할 수 있으니까 말이야. 그런데 래리와 세르게이는 광고 창은 물론이고, 초기 화면도 검색 창만 남겨 놓고 다른 건 모두 없애자고 했어. 인터넷 회사 입장에서는 말도 안 되는 소리였지.

결국 모든 회사에서 문전박대 당한 둘은 허름한 창고에 작은 회사를 차렸어. 그러고는 자신들의 아이디어로 '구글'이라는 사이트를 열었지. 구글은 정말 검색 창만 남겨 놓고 모든 걸 빼 버렸어. 또 검색을 하면 상품 광고 창이 뜨는 경우도 없어. 오직 사람들이 쓸모 있게 사용한 정보만 순서대로 보여 주었단다. 다른 사이트들은 하나라도 더 화려하게 보여 주려고 발버둥을 칠 때 구글은 과감하게 빼기의 법칙으로 도전장을 내민 거야.

결과는 대성공이었지. 사람들은 정보의 홍수에 빠져 허우적대지 않아도 되고, 도움이 되는 정보만 빠르게 찾을 수 있는 구글에 환호했어. 덕분에 구글은 검색 프로그램에 있어서만큼은 세계에서 가장 사랑받는 사이트로 손꼽힌단다.

빼기의 법칙을 행동으로 옮기는 일은 생각보다 쉽지 않아. 네가 쓴 글을 다시 고칠 때를 생각해 봐. 글에 살을 붙이는 일보다 덜어 내는 일이 더 힘들걸. 글을 줄여야 할 때 어떤 부분을 빼야 할지 몰라 쩔쩔맸을 거야.

당시 인터넷 사이트를 운영하던 회사들은 대부분 어떤 기능을 한 가지라도 더해서 다른 회사와 차별화할까만 고민했지, 과감하게 빼기 법칙을 쓸 생각은 하지 못했어. 래리와 세르게이는 그런 면에서 대단히 창조적인 생각을 가졌던 거지. 다른 사람이 '안 된다'는 것을 '된다'고 생각하고 실현해 나가는 도전 정신도 한몫했고.

　이처럼 발명에는 빼기의 법칙이 멋지게 성공을 거두는 경우도 많아. 빼기 발명은 그 특성상 복잡한 것을 간단하게, 무거운 것을 가볍게 바꾸어 놓지. 전선을 없앤 무선 전화기, 추를 없앤 벽시계, 설탕을 뺀 무설탕 껌도 빼기의 법칙이 만들어 낸 발명품들이야.

　발명이나 발견은 하늘 아래 전혀 새로운 무언가를 찾는 게 아니야. 앞선 사람들이 이뤄 놓은 성과를 요모조모 더하거나 빼는 것만으로도 얼마든지 새롭고 멋진 생각을 해낼 수 있지. 지우개 달린 연필과 구글이 주는 진정한 지혜는 바로 여기에 있어.

네 번째 마당

작은 아이디어가 세상을 바꾼다

세상에서 가장 질긴 바지, 리바이스 진

광부들에게 맨 처음 선보인 그 청바지는
어느 가난한 젊은이의 생각에서 탄생한 발명품이었단다.

청바지를 생각하면 무엇이 떠오르니?

나는 '청바지' 하면 젊은이가 떠오르더구나. 청바지는 동양, 서양 할 것 없이 세계의 젊은이를 하나로 묶어 주는 옷이야. 너도 청바지 입어 봤지? 느낌이 어땠니? 몸에 꼭 붙고 옷감이 두꺼워 흙에서 뒹굴어도 끄떡없을 것 같지? 편안한 느낌 때문에 어떤 일이라도 거뜬히 해치울 것 같은 기분도 들 거야. 이렇게 청바지에는 활기차고 자유로운 멋이 담겨 있어.

청바지는 원래 멋으로 입던 옷이 아니란다. 험한 일을 할 때 입는 작업복이었지. 청바지를 가장 먼저 입은 사람들은 금광에서 일을 하던 광부들이었어. 광부들에게 맨 처음 선보인 그 청바지는 어느 가난한 젊은이의 생각에서 탄생한 발명품이었단다.

19세기 중반에 미국 서부 캘리포니아에서 금광이 발견되자 사람들은 너도나도 금을 캐려고 그곳으로 몰려들었어. 그 무리 가운데 스물한 살 난 리바이라는 젊은이 하나가 끼어 있었단다. 독일에서 갓 이민 온 이 젊은이는 빈털터리인데다 이렇다 할 기술도 없는 평범한 청년이었지. 재산이라고는 약간의 생활필수품과 천막을 만드는 데 쓰는 천 몇 필뿐이었어.

　당시 황금의 꿈을 품고 몰려든 사람들은 여기저기 천막을 세워 몸 누일 곳을 마련했어. 당연히 천막을 파는 사람도 많았지. 독일 청년 리바이도 형제들이 나누어 준 천 몇 필로 천막 장사를 시작했어. 그러던 어느 날, 리바이는 뜻밖에도 군대로부터 천막 수백 개를 만들어 달라는 주문을 받았어. '이제 나도 운이 트이는가 보다.'고 생각한 그는 빚까지 내어 천을 사들이고 천막을 만들었지. 그런데 이게 웬일이니. 운수가 트이는가 싶던 기대도 잠시, 무슨 까닭인지 주문이 모두 취소되고 말았어.

애써 만든 그 많은 천막을 어떻게 다 팔겠니. 게다가 빚더미에 올라앉게 생겼으니 리바이는 얼마나 절망스러웠겠어. 화가 난 리바이는 술집으로 가서 술을 들이켜기 시작했어. 그렇게 리바이가 신세를 한탄하고 있는데, 몇몇 광부들이 술집에 들어왔어. 광부들은 술을 마시면서 해진 바지를 꿰매기 시작했지.

"에이, 이렇게 옷이 잘 떨어져서야 바지만 꿰매다가 세월 다 가겠네. 차라리 천막으로 옷을 해 입든지 해야지 원! 당해 낼 수가 있어야지."

이렇게 불평을 하면서 말이야. 광부들은 광산에서 돌을 캐고 운반하다 보니 옷이 금방 해지기 일쑤였던 거야. 광부들 불평을 들은 리바이는 멋진 생각을 번개같이 떠올렸어.

'그래! 천막을 만드는 질긴 천으로 바지를 만들어 광부들에게 파는 거야.'

그는 집으로 돌아오자마자 골칫거리였던 천막으로 바지를 만들기 시작했어. 천막 천은 워낙 두꺼워서 바느질이 제대로 되지 않았지. 리바이는 실밥이 다 보이는 것도 아랑곳없이 굵은 실로 듬성듬성 천막 천을 꿰매어 바지를 만들었단다. 완성한 바지에 자신의 이름을 따서 '리바이스 진'이라는 상표까지 만들어 붙였어.

이렇게 해서 천막 천으로 만든 바지가 탄생했단다. 처음에는 옷 색깔이 천막 천 그대로 갈색이었어. 값싼 천막 천으로 만들었으니 가격도 저렴했지. 리바이가 만든 값싸고 질긴 바지는 내놓기가 무섭게 광부들에게 팔려 나갔단다. 광부들은 금맥이라도 발견한 것처럼 앞다투어 리바이가 만든 바지를 입고 다녔지.

그러나 리바이는 거기에 만족하지 않고, 더 질기고 편한 바지를 만들어 팔려고 이 궁리 저 궁리를 거듭했어. 그는 곧 천막 천보다 질긴 데님이라는 천으로 청바지를 만들었단다. 또 젊은이들이 좋아하는 인디고블루 색으로 염색을 했어.

어느 날, 리바이는 광부들이 리바이스 진을 입고 물통 속에 한참씩 들어앉아 있다가 나오는 모습을 보게 되었지. 광부들은 물을 머금은 천이 오그라들어서 몸에 찰싹 달라붙기를 바랐던 거야. 그래서 리바이는 되도록 바지를 꽉 조이게 만들어서 활동하기도 편하고 몸매가 잘 드러나도록 디자인을 바꿨어. 광부들이 리바이스 진을 찾는 이유는 옷감이 질길 뿐만 아니라 멋 부리는 데도 좋기 때문이라는 걸 알아챘던 거야.

리바이스 진에 대한 소문은 금세 퍼져 나갔어. 서부 캘리포니아 주와 네바다 주의 금광, 버지니아 주의 은광, 철도 회사 센트럴 퍼시픽의 공사장……. 젊은이들이 모여 노동을 하는 곳이면 어디에서나 그의 바지가 깃발처럼 나부꼈지.

리바이는 청바지가 많이 팔려 나갈수록 더 편리하고 멋진 청바지를 만드는 데 힘을 쏟았어. 광부들은 대부분 광석이나 연장 같은 무거운 것들을 바지 주머니에 쑤셔 넣고 다니잖아. 그러니 아무리 튼튼하게 바느질해도 금세 주머니가 뜯겨 나가게 마련이었어. 그때 마침 천에 못을 박는 기술을 발명한 사람이 리바이를 찾아왔단다. 그는 리바이가 만든 청바지 주머니에 단단한 쇠붙이를 박는 게 어떠냐고 제안했지. 리바이는 그 사람 의견을 곧바로 받아들였어. 청바지 주머니에 쇠붙이를 붙이면 무거운 광석이나 연장 때문에 쉽게 해지는 것을 막을 수 있다고 생각했기 때문이지.
　이렇게 쓸모가 많아진 청바지는 광부와 노동자뿐만 아니라, 들판에서는 목동과 농부 들의 옷이 되었고, 바다에서는 파도와 싸우는 어부들의 옷이 되었지.

사람들은 대부분 새로운 아이디어나 발명품 하면 뭔가 거창하고 위대한 것을 떠올리게 마련이야. 마치 금을 캐어 일확천금하려고 서부로 몰려온 사람들처럼 말이지. 이런 사람들은 대부분 빈털터리가 되어 고향으로 돌아가야 했어. 하지만 그 사람들에게 일 달러짜리 청바지를 판 리바이는 금덩어리보다 더 큰 재산을 캐냈단다. 남들은 땅속에서 금을 캐려고 할 때 리바이는 자신의 머릿속에 묻혀 있던 금광을 찾아낸 거야. 때로는 사소하고 자그마한 것이 오히려 훨씬 의미 있다는 사실을 리바이는 증명해 보인 거지.

청바지가 만든 세상

세상에서 가장 질긴 바지를 만들겠다는 작은 생각이
조금씩 커져서 세상의 흐름을 바꾸는 데 큰 몫을 해냈어.

이 밖에도 리바이에게서 배워야 할 점은 많아. 리바이는 돈을 버는 데만 집착하는 사람이 아니었어. 그는 여러 학교에 장학금을 기부하여 많은 젊은이가 앞날을 개척해 나갈 수 있도록 도움을 주기도 했단다. 또 철길을 닦는 일이나 빌딩을 짓는 일에도 많은 돈을 내놓았어. 그는 죽으면서 재산 일부만 조카에게 주고 나머지는 모두 사회에 환원했지. 그래서 사람들은 리바이를 두고 이렇게 말했어.

"리바이스 진은 일 달러를 주면 살 수 있지만, 리바이는 백만 달러를 주고도 살 수 없다."

남을 위해서 헌신하는 리바이의 마음은 값으로 매길 수 없을 만큼 가치 있다는 뜻이 아니겠니?

리바이가 세상에 끼친 영향은 이뿐 아니야. 그가 만든 청바지는 오늘날 젊음과 저항을 상징하는 옷으로 자리 잡았단다. 왜 청바지가 이런 의미를 지니게 되었을까?

앞서 말했듯이 리바이의 청바지는 젊고 가난한 노동자들이 즐겨 입는 옷이었지. 당시만 해도 돈 많은 신사들은 부드러운 천으로 만든 고급 옷을 입고 한껏 뽐내며 다녔어. 이에 비해 가난한 사람들은 거칠고 헐거운 천으로 짠 옷을 걸치고 다녔고. 그러니 옷만 봐도 그 사람이 잘사는지 못사는지 대번에 알 수 있었지. 이건 옷으로 사람을 차별하는 거나 마찬가지야.

그런데 이런 차별에 반대하는 젊은이들이 하나둘 나타났어. 젊은이들은 부자들의 허영과 사치에 반대하는 의미로 청바지를 입기 시작했지. 기성세대의 잘못된 관습에 저항하며 사회 정의를 외친 젊은이들이 자신들의 주장을 청바지에 담아 표현한 거야.

또 그전까지 여자들은 부자건 가난한 사람이건 꼭 치마를 입어야 했어. 여자들이 바지를 입는다는 건 상상도 못할 일이었지. 치마를 입은 여자들은 늘 몸가짐에 신경을 써야 했어. 아무리 다급해도 뛰거나 몸을 마음껏 움직이지도 못하고 말이야. 옷이 남녀 차별의 수단이기도 했던 거지. 그런데 몇몇 여자들이 청바지를 입고 거리로 나섰어. 여자와 남자가 평등하다는 걸 몸으로 보여 준 거지.

기성세대는 젊은이들의 저항에 온갖 비난을 해 댔지. 젊은이들의 도덕관념이 땅에 떨어졌다고 호들갑을 떨었어. 하지만 젊고 활기찬 새로운 흐름을 막을 수는 없었지. 바야흐로 자유와 평등이라는 새로운 정신이 날개를 활짝 펼친 시대가 온 거야. 그리고 청바지는 그 정신을 상징하는 옷이 되었지. 지금은 오히려 높은 지위에 있는 사람이나 나이 든 사람이 청바지를 입으면 마음이 젊고 멋있는 사람으로 대접받곤 해.

청바지는 해마다 세계에서 4억 2천 5백만 벌이 넘게 팔린다는구나. 그 청바지의 천을 모두 이으면 지구를 아홉 바퀴나 돈다고 하니 정말 어마어마하지 않니? 한번 생각해 봐. 리바이가 청바지를 처음 만들 때 가진 생각은 아주 소박하고 단순했어. 세상에서 가장 질긴 바지를 만들어 힘든 일을 하는 광부들에게 입히겠다는 거였지. 이 작은 생각이 조금씩 커져서 세상을 바꾸는 데 큰 몫을 해냈어. 리바이의 청바지에 담긴 소중한 의미를 이제 조금 알 것 같지?

다섯 번째 마당

옛것을 살피면 새것이 보여

기적의 약, 페니실린

플레밍은 급히 현미경으로 접시를 들여다보았단다.
놀랍게도 푸른곰팡이 주변에는 포도상 구균들이 깨끗이 사라지고 없었어.

내가 어릴 적에는 온 세상이 놀이터였어. 친구들과 들로 산으로 뛰어다니며 신나게 놀았지. 정신없이 놀다 보면 넘어지거나 여기저기 긁히기도 했어. 대수롭지 않은 상처는 그냥 무시하고 넘어갔지만 가끔은 피가 날 정도로 제법 크게 다치는 경우가 생겼지. 그럴 때면 아프기도 하고 무섭기도 해서 엉엉 울면서 집으로 돌아왔단다. 어머니는 그런 나를 보고는 얼른 장독대에 가서 된장을 한 움큼 퍼 왔어. 그러고는 상처가 난 부위에 발라 주었지. 냄새 나고 좀 지저분하기는 했지만, 된장을 바르고 나면 놀랍게도 감쪽같이 상처가 아물곤 했어. 요즘에야 온갖 약이 갖춰져 있지만 약이 없던 시절에 된장은 아주 훌륭한 치료제였거든. 이뿐만 아니라 된장은 한 집안에 건강과 복을 가져다 주는 소중한 음식으로 여겨졌어. 된장 맛이 변하면 그 집안에 안 좋은 일이 생긴다고 믿었지.

그런데 말이야, 옛날 사람들은 이처럼 된장에 특별한 기운이 있다고만 알았지 그게 정확히 무엇인지는 몰랐어. 만약 누군가가 된장을 유심히 관찰했다면 놀라운 발견을 할 수 있었을 텐데 정말 아쉬워.

자, 여기 비슷한 경우에 놓인 한 사람이 어떻게 위대한 발명을 해냈는지 한번 살펴보자.

영국인 알렉산더 플레밍은 세균을 연구하던 학자였어. 플레밍은 제1차 세계 대전이 터지자 전쟁터로 나가 부상병들을 치료했단다. 전쟁터에서는 많은 병사가 크고 작은 상처를 입고 실려 오곤 했지. 당시에는 상처를 치료할 수 있는 약이 마땅찮아서 상처가 금방 곪았고, 심하면 목숨을 잃기까지 했어. 다른 의사들과 마찬가지로 플레밍은 손 한 번 못 써 보고 병사들이 죽어 가는 걸 지켜볼 수밖에 없었지. 플레밍은 마음이 너무나 아팠어. 어떻게 하면 환자들을 살릴 수 있을까 하고 늘 안타까워했지.

상처 자리가 곪고 온몸으로 번지는 것은 그 부위에 박테리아 즉, 세균이 감염되었기 때문이야. 플레밍은 환자들을 보면서 마음속으로 다짐했단다.

'균에 감염되어 죽어 가는 부상자들을 마냥 지켜보고만 있을 수는 없어. 박테리아를 죽일 수 있는 방법을 반드시 찾아야 해.'

제1차 세계 대전이 끝난 뒤에도 플레밍은 전쟁터에서 죽어 간 사람들의 모습을 잊지 않고 박테리아를 연구하는 일에 몰두했지. 하지만 눈에 보이지 않고 제멋대로 움직이는 박테리아를 연구하기란 여간 까다로운 게 아니었어. 박테리아는 좀처럼 자신의 정체를 드러내지 않았지.

1928년 어느 여름날, 플레밍은 모처럼 연구실을 떠나 휴가를 다녀오게 되었어. 그런데 휴가를 끝내고 돌아와 보니, 창문이 반쯤 열려 있고 그 사이로 비가 들이쳤는지 연구실이 온통 지저분해져 있었어. 게다가 세균을 배양하던 실험용 유리그릇 뚜껑이 열려서 먼지로 더럽혀져 있었지.

플레밍은 정성 들여 관리하던 배양 그릇을 얼른 집어 들었단다. 아니나 다를까, 불규칙하게 포도송이처럼 자라나는 포도상 구균을 배양하던 그릇 언저리가 푸르스름하게 색깔이 변해 있었어. 그 색깔의 정체는 빵 조각이나 먹다 버린 과자 같은 데에 흔히 생기는 푸른곰팡이였지. 어렵사리 배양하던 포도상 구균이 오염되어 버린 거야. 플레밍은 크게 낙심하며 한숨을 내쉬었어. 그런데 그 순간 뭔가 이상한 느낌이 스쳐 지나갔어.

플레밍은 급히 현미경으로 접시를 들여다보았단다. 놀랍게도 푸른곰팡이 주변에는 포도상 구균들이 깨끗이 사라지고 없었어. 곰팡이가 세균을 잡아먹은 거야.

그때 플레밍의 머리에 문득 어렸을 때 일이 생각났어. 플레밍이 무릎이나 팔뚝에 상처가 나 곪으면 할머니나 어머니가 곧잘 푸른곰팡이가 핀 빵을 구해서 상처에 발라 주곤 했던 기억이었지. 그러면 놀랍게도 상처가 감쪽같이 아물곤 했어. 그 기억을 떠올리며 플레밍은 생각했지.

'저 푸른곰팡이가 곪는 것을 막아 주는 힘이 있는 건 아닐까?'

플레밍은 곧바로 푸른곰팡이를 가지고 새로운 연구를 시작했단다. 그리고 마침내 푸른곰팡이에서 항생제를 발견하게 되었지. 플레밍은 이 항생제에 페니실린이라는 이름을 붙였어. 이 항생제는 먹성이 얼마나 좋은지, 그때까지 전혀 손도 대지 못했던 포도상 구균은 물론이고 더 끈덕진 연쇄상 구균까지도 거뜬히 잡아먹는 거야. 그러면서도 사람 몸에는 전혀 해가 없었어. 워낙 세균을 잘 잡아먹는 터라 사람의 핏속에 있는 백혈구까지 죽이지 않을까 염려되었지만, 고맙게도 그런 일은 없었단다.

옛것을 잊지 않고 새롭게 살리려 한 마음이 기적의 약, 페니실린을 만든 거야. 이제 너도 눈치챘겠지? 된장에도 푸른곰팡이와 비슷한 곰팡이가 생겨난단다. 바로 누룩곰팡이야. 플레밍이 기억해 낸, 빵에 낀 푸른곰팡이가 바로 누룩곰팡이처럼 사람 몸에 이로운 종이지. 우리 조상들은 아주 오래전부터 누룩곰팡이를 약으로 쓸 만큼 현명했어. 하지만 그 효능을 제대로 밝히지는 못했지. 그저 옛날 사람들이 약이랄 게 없으니 무작정 바르는 거라 여겼기 때문이야. 최근에 들어서야 누룩곰팡이의 비밀이 하나둘 밝혀지고 있어. 누룩곰팡이는 암을 막고, 간 기능을 회복하는 데도 뛰어난 효능을 발휘한대. 좀 늦기는 했지만 이제라도 옛날 사람들의 지혜가 하나 둘 밝혀지고 있으니 얼마나 다행인지 몰라.

조상들의 지혜에서 찾자

오랜 경험을 통해 얻은 지혜를 무시해서는 안 돼.
낡았다고 여겨 온 것에서 멋진 발명과 발견을 한 사례가
아주 많은 걸 보아도 알 수 있지.

우리는 옛날 사람들 생각과 생활 방식을 고리타분하고 의미 없는 것으로 무시해 버리기 일쑤야. '옛날에 태어났더라면 얼마나 힘들었을까? 지금 세상에 태어난 게 천만다행이야.' 하며 가슴을 쓸어내리기도 하지. 옛날 사람들이 살았던 이야기는 그저 장롱 속에 깊이 넣어 두었다가 가끔 한번씩 꺼내어 보는 사진첩 같은 게 되어 버렸어.

하기는 그걸 한 사람 한 사람의 생각 탓으로 돌릴 수만은 없어. 여기에서 말하는 옛날과 오늘날 사이에는 단순히 시간의 흐름으로는 설명할 수 없는 큰 변화가 있었기 때문이야. 인류는 14~16세기에 비로소 과학과 이성에 눈을 떴어. 마치 마른 땅에 단비가 내려 땅속에 잠들어 있던 모든 생명이 한순간에 싹을 틔우는 것 같았어. 그 짧은 기간에 이뤄 낸 성과는 원시 시대부터 내려오던 인류의 모든 생활 방식과 생각을 단번에 바꿔 놓았지.

예를 들어 중세 서양에는 금을 만드는 연금술이라는 학문이 있었어. 연금술사들은 물질을 구성하는 여러 원소를 어찌어찌 합치면 금을 만들 수 있다고 주장했어. 지금 생각하면 어처구니없는 얘기지만 당시에는 아주 이름 높은 과학자들조차 연금술을 믿었어.

또 별의 움직임을 보고 사람과 나라의 운세를 점치는 점성술도 오랫동안 큰 인기를 끌었지. 별의 움직임은 신이 인간에게 보내는 신호이니, 그걸 잘 살피면 어떤 일의 처음과 끝을 미리 예측할 수 있다는 거야.

이들 학문은 한때 온 나라를 휩쓸 만큼 유행했지만 근대 과학이 눈을 뜨자 힘 한번 못 쓰고 꼬리를 감추었지.

학문 분야만이 아니야. 이전에 왕은 하늘과 같은 존재였어. 백성들은 그저 묵묵히 왕의 지배를 받아야 하는 하찮은 존재였지. 하지만 사람이 모두 평등하고 자유로워야 한다는 사상이 생겨나자 이러한 생각은 순식간에 들불처럼 퍼졌고, 이제는 국민들이 나라의 주인이 되어 선거로 대통령을 뽑는 세상이 되었어.

과거와 현대 사이에는 이처럼 거대한 강이 놓여 있어서 좀처럼 건너기가 힘들어. 과거는 이어받아야 할 게 아니라 무시하고 내버려야 할 대상이 되었지. 만약 누군가가 연금술과 점성술을 철석같이 믿고, 또 왕이 다스리던 시대로 돌아가자고 한다면 모두 코웃음을 칠걸.

그러니 현대를 살고 있는 우리가 무언가 새로운 것을 발견하려고 할 때 옛날을 돌이켜 보기는 쉽지 않아. 이미 과학과 이성의 힘에 밀려 사라진 과거에서 무얼 배울 수 있겠어. 그럴 시간이면 고도로 발달한 과학이나 기술을 배우는 게 당연한 거지.

그런데 말이야, 따져 보면 근대 과학과 이성의 시대는 기껏 5백여 년밖에 되지 않아. 물론 그 기간에 눈부시게 발전을 거듭했지만, 수천 수억 년 인류의 역사에 견주면 아주 짧은 시기이지. 당시 사람들은 왜 그렇게 되는지 원리는 알지 못했지만, 오랜 경험을 통해 지혜를 쌓았어. 우리 문화유산만 해도 그래. 방바닥을 온돌로 데우고, 된장에 숯을 띄우고, 가마솥에 밥을 하고, 김치를 담가 익히고, 옹기에 음식을 담아 보관하는 게 얼마나 지혜로운 일이었는지 과학적으로도 서서히 밝혀지고 있잖아.

이렇게 오랜 경험을 통해 얻은 지혜를 무시해서는 안 돼. 낡은 것이라고 여기던 것에서 멋진 발명과 발견을 한 사례가 아주 많은 걸 보아도 알 수 있지. 플레밍처럼 말이야. 앞서 얘기한 연금술과 점성술만 해도 그래. 연금술이 바탕이 되어 화학이 크게 발전했고, 점성술은 오늘날 우주 과학 분야에 커다란 공헌을 했지. 물론 지금도 이들 옛 학문은 우리에게 수많은 영감을 주고 있어. 하다못해 된장만 하더라도 아직 밝혀 내지 못한 비밀이 가득해. 그러니 위대한 발견의 실마리를 찾으려면 먼저 저 먼 옛날로 여행해 보는 게 필요하단다.

여섯 번째 마당

더 새롭게, 더 편리하게!

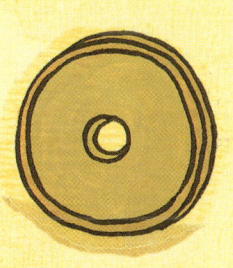

변신에 변신을 거듭하는 또 하나의 눈, 안경

하나의 작은 발명은 다시 누군가에 의해 새로운 발명으로 이어지게 마련이야.

너도 혹시 안경을 끼고 있니? 요즘에는 나이 어린 친구들도 안경을 낀 경우가 많아 걱정이구나. 아마도 텔레비전이나 컴퓨터 같은 전자파가 나오는 기계들 영향이 큰 것 같아. 이 전자파를 없애는 멋진 발명품이 나오면 좋을 텐데 말이야.

그건 그렇고, 안경은 시력을 보완해 주는 아주 멋진 발명품이야. 두 번째 눈이라고도 할 수 있지. 이 안경을 누가 만들었는지 알고 있니? 사실 나도 그걸 알기가 쉽지 않구나. 이 고마운 안경을 세상에 내놓은 사람의 이름이 남아 있지 않기 때문이야. 하지만 안경이 언제 어떻게 만들어졌는지에 대한 이야기는 기록으로 전해 온단다.

그 이야기를 하려면 1286년쯤 이탈리아 피사라는 곳으로 가 봐야 해. 참 오래전 이야기지? 피사는 너도 들어 봤을지 모르겠다. 기우뚱하게 서 있는 '피사의 사탑'으로 유명한 도시이지. 이 피사에 조르다노 신부가 살고 있었어. 조르다노 신부는 눈이 나빠서 책을 읽기가 무척 힘들었대. 그래서 성당에 나오는 사람들에게 "잘 보이는 눈이 하나 더 있었으면 좋겠다."고 농담 삼아 말하곤 했어.

성당을 드나드는 사람들 가운데에는 유리 제품을 만드는 사람, 곧 유리공도 제법 많았어. 지금도 그렇지만 이탈리아의 베네치아나 피렌체, 피사 같은 곳은 옛날부터 유리 공예로 이름 높았거든. 조르다노 신부의 말을 들은 한 유리공이 정말로 두 번째 눈을 만들려고 궁리하기 시작했어. 평소에 늘 유리를 곁에 끼고 사는 이 유리공은 유리 두께가 다르면 물건도 다르게 보인다는 사실을 알고 있었지. 거기까지는 그저 그러려니 하고 지나쳤는데, 어느 날 문득 유리의 성질을 잘만 이용하면 조르다노 신부에게 두 번째 눈을 선물할 수 있겠다는 생각이 스쳤어.

유리공은 두께가 다른 유리를 여러 개 만들어 연구하기 시작했지. 그리고 마침내 조르다노 신부의 시력에 맞는 또 하나의 눈, 안경을 만들어 냈단다. 신부가 안경을 받고 얼마나 좋아했겠니?

그로부터 한참 지난 1306년 2월의 어느 수요일 아침, 피렌체의 한 성당에서 조르다노 신부는 사람들에게 이렇게 말했단다.

"지금부터 20년 전에 한 유리공이 이 안경을 만들어 준 뒤로 큰 불편 없이 성서를 읽을 수 있습니다. 안경은 이제까지 사람이 만든 것 가운데 가장 훌륭한 물건인 것 같아요."

조르다노 신부의 이 말이 안경과 관계된 기록 가운데 가장 오래된 것이야. 그런데 아쉽게도 조르다노 신부는 안경을 만든 유리공의 이름은 말하지 않았어. 비록 이름은 모르지만, 네가 안경을 쓰게 되면 그 유리공의 정성과 노력을 한번쯤 떠올려 봤으면 해.

시력이 안 좋은 사람을 위한 안경이 아니라, 도수 없이 그냥 모양만 갖춘 장신구용 안경은 그보다 훨씬 오래전부터 있었어. 1세기에 로마를 다스리던 네로 황제가 자연석을 둥글게 깎아서 눈에 대고 보았다는 기록이 있지. 네로 황제는 아주 이상한 행동을 많이 한 사람이었어. 말에 옷을 입혀서 타고 다녔는가 하면, 한밤중에 노래하고 시를 읊으면서 거리를 돌아다니곤 했으니까 말이야. 네로 황제의 평소 행동과 성격으로 미루어 보면, 아마도 멋을 부리느라 색이 있는 자연석을 깎아서 눈에 대고 다녔던 것 같아.

중국에도 아주 오래전부터 안경과 비슷한 것을 써 왔다는 이야기가 있어. 중국 귀족들은 색이 있는 자연석을 잘라서 눈에 대고 보았대. 거북 껍데기로 안경테를 만들었다는 기록도 있고. 하지만 이 안경은 시력을 돕는 물건이 아니라 치장을 위한 장신구였을 뿐이야. 중국 사람들은 색이 있는 자연석을 지니거나 눈에 대고 보면 모든 것이 한층 더 아름답게 보일 뿐만 아니라 복을 받는다고 생각했거든.

그래서 사람들은 조르다노 신부가 사용했다는 안경을 최초의 안경이라고 여긴단다. 그 안경은 먼 곳에 있는 것은 잘 보이는데 가까이 있는 것이 잘 안 보이는 눈, 그러니까 원시를 위한 것이었어. 가까운 사물은 잘 보이지만 먼 곳에 있는 것이 잘 안 보이는 근시인 사람을 위한 오목 렌즈 안경은 그보다 훨씬 뒤에 만들어졌지.

도수 있는 안경이 처음 만들어졌을 때에는 오늘날과 같이 양쪽 눈에 쓰는 안경이 아니라 한쪽 눈에 쓰는 안경이었어. '외눈 안경'을 오랫동안 사용해 오다가 15세기 이후에야 양쪽 눈에 쓰는 안경으로 바뀌었지. 양쪽 눈에 쓰는 안경도 한동안은 코에 얹는 모양이었다가 차츰차츰 오늘날과 같이 양쪽 귀에 거는 생김새로 발전했어.

한쪽 렌즈에서 양쪽 렌즈로, 코에 얹는 형태에서 귀에 거는 형태로 바뀐 과정도 아주 쉬운 일인 것 같지만, 알고 보면 생각에 날개를 달 줄 알았던 사람들이 조금씩 발전시켜 온 거란다.

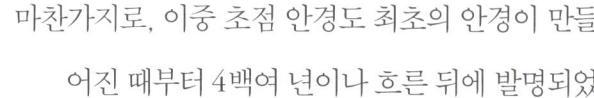

마찬가지로, 이중 초점 안경도 최초의 안경이 만들어진 때부터 4백여 년이나 흐른 뒤에 발명되었어. 이중 초점 안경이란 쉽게 말해서 안경 안의 또 다른 안경이라고 할 수 있지.

이중 초점 안경을 생각해 낸 사람은 미국의 유명한 과학자이자 정치가인 벤저민 프랭클린이야. 눈이 나빠서 먼 곳을 잘 볼 수 없었던 프랭클린은 오랫동안 근시용 안경을 써 왔어. 그런데 먼 곳에 있는 물체가 잘 보이도록 만든 안경이다 보니 가까운 거리에서 책을 읽을 때에는 오히려 안경을 벗어야 했지.

프랭클린은 안경 만드는 사람을 찾아가서 자신이 쓰던 근시용 안경알 아랫부분에 원시용 안경알을 덧붙이면 어떻겠느냐고 물었어. 안경 만드는 사람은 그런 안경이 어디 있느냐며 어리둥절했지. 그렇지만 프랭클린은 그렇게 만들어 달라고 우겼어. 프랭클린의 생각은 멋지게 들어맞았어. 이제 먼 곳을 볼 때나 가까운 곳을 볼 때나 안경을 벗을 필요가 없었지. 생각해 보면 이중 초점 안경도 안경의 원리를 간단히 응용한 셈인데, 사람들은 미처 그 생각을 하지 못했던 거지.

눈의 각막에 붙이는 콘택트렌즈는 1877년에 독일 사람이 처음 만들었다고 해. 그런데 처음에는 콘택트렌즈가 시력이 안 좋은 사람을 돕기 위한 것이 아니라, 병 때문에 눈 색깔이 변한 사람을 위해서 만들어진 것이었대. 그러다가 차츰 시력이 안 좋은 사람을 위해 눈에 끼워 넣을 수 있는 안경으로 발전한 거지.

이처럼 하나의 발명은 다시 누군가에 의해 새로운 발명으로 이어지게 마련이야. 오늘 우리들이 사용하고 있는 물건들도 모두 그런 과정을 거쳐 만들어진 거란다.

바퀴에서 자동차까지, 발명은 진화한다

위대한 발명일수록 앞선 발명품을 꼼꼼히 들여다보고
그걸 응용해서 만들어 낸 경우가 많아.

너, 혹시 자동차 좋아하니? 달리는 자동차에 앉아 있으면 상쾌한 속도감이 느껴지지. 자동차는 인류 역사에서 가장 위대한 발명 가운데 하나로 손꼽혀. 아주 많은 사람과 물건을 빠르고 편리하게 이동시켜 주잖아. 이 자동차는 누가 어떻게 발명했을까?

세계 최초로 자동으로 굴러가는 차가 선보인 건 1770년의 일이야. 프랑스 장교 조제프 퀴뇨는 무거운 대포를 쉽게 옮길 수 있는 방법을 고민하다가, 증기 기관을 동력으로 하여 바퀴 세 개로 굴러가는 삼륜 증기 자동차를 만들었지. 하지만 최초의 자동차에 달린 증기 기관은 너무 무거웠어. 게다가 15분마다 보일러에 물을 부어 주어야 했고, 브레이크 장치도 없었어. 결국 첫 시범을 보인 자리에서 벽에 부딪혀 불에 타고 말았대. 말하자면 세계 최초의 교통사고를 낸 셈이지.

조제프의 증기 자동차 발명은 스스로 굴러 가는 차를 처음 만들었다는 점에서 역사에 길이 남을 일이었지. 이 최초의 발명이 있었기에 뒤이어 가솔린 기관과 디젤 엔진이 발명되어 자동차를 획기적으로 발전시킬 수 있었으니까 말이야. 조제프의 증기 자동차가 없었다면 요즘 우리가 타고 다니는 자동차도 없었을 거야.

그런데 엄밀히 말하면 증기 자동차는 완전히 새로운 발명품은 아니야. 어찌 보면 조제프는 그저 증기 기관과 바퀴라는 두 발명품을 하나로 합쳐 놓은 것에 지나지 않아. 그럼, 증기 기관과 바퀴는 누가 발명했을까?

먼저 증기 기관은 제임스 와트라는 영국 사람이 1765년에 발명했어. 물론 제임스 와트도 어느 날 갑자기 머릿속에 증기 기관 구조를 떠올린 건 아니야. 이미 1698년에 증기의 힘으로 광산에서 물을 뽑아 올리는 펌프가 만들어졌고, 1712년에는 피스톤이 달린 증기 기관도 개발되었어. 증기의 힘을 이용한 장치로 치자면 한참을 더 거슬러 올라가야 해. 1세기경에 알렉산드리아의 헤론이 끓는 물에서 나온 증기의 힘으로 바람개비를 돌리는 장난감을 만들어 냈으니까 말이야. 그러니까 제임스 와트의 증기 기관도 오랜 시간 동안 인류가 쌓아 온 발명품을 좀 더 쓰임새 있게 개선한 것뿐이지.

다음으로 바퀴에 대해 알아볼까? 바퀴의 역사는 증기 기관보다 훨씬 더 오래되었어. 적어도 기원전 6천 년부터 바퀴를 사용했던 흔적이 있단다. 고대 바빌론의 우르 유적에서 바퀴 그림이 나왔고, 또 메소포타미아 유적에서도 바퀴 유물이 발견되었지. 바퀴의 발명은 인류의 삶을 엄청나게 변화시켰어. 바퀴를 사용하려면 넓고 고른 길이 필요해. 그 길을 따라 사람들은 바퀴로 무거운 나무와 돌을 날라 건물을 짓고 마을을 세웠을 거야. 또 마을과 마을끼리 물건을 사고팔았을 테고. 말하자면 바퀴의 발명은 문명의 시작을 알리는 신호탄이었던 거지.

이때까지만 해도 바퀴는 나무를 통으로 잘라 붙인 형태였지. 이 통바퀴는 무겁고 부서지기 쉽고 빠르게 움직일 수도 없었어. 사람들은 이러한 불편함을 어떻게 해결할까 고민했지. 뒤이어 얇게 자른 나무 합판을 덧댄 합판 바퀴가 등장했고, 바퀴 테두리에 가죽으로 만든 타이어를 두르고 구리 못으로 고정하기도 했어. 그러다가 기원전 2천 년경에 드디어 메소포타미아와 히타이트에서 테두리에 바퀴살을 이어 만든 바퀴가 나왔단다.

하지만 자동차에 쓰일 바퀴가 되기까지는 더 많은 시간과 발명품이 필요했어.

대서양을 항해한 콜럼버스는 서인도 제도의 원주민들이 고무나무에서 뽑아 사용하던 말랑말랑하고 질긴 물질을 유럽에 소개했어. 그게 바로 고무란다.

1865년, 영국의 톰슨은 이 고무로 자동차 바퀴를 만들었어. 아직은 고무를 그대로 바퀴에 붙인 형태였지만, 자동차는 이제 호랑이가 날개를 단 격이었어. 한편 1888년 영국인 존 보이드 던롭은 쇠로 된 바퀴에 고무를 입히고 그 속에 공기를 집어넣었어. 말하자면 최초의 공기 타이어인 거지. 이걸 자동차 바퀴에 처음 응용한 건 프랑스의 미슐랭 형제였지. 공기 타이어를 달고 나간 첫 자동차는 자동차 경주에서 스무 번이 넘게 펑크가 났지만, 사람들은 덜컹거리지 않고 빠르게 달릴 수 있는 미슐랭 형제의 타이어에 열광했어.

이 밖에도 자동차는 무수히 많은 발명품이 한데 어울려 탄생한 발명품이란다. 게다가 지금도 새로운 발명품이 나와 자동차를 더 새롭게 변신시키고 있지.

옛말에 '하늘 아래 새로운 것은 없다.'라고 했어. 아무리 새로운 발명과 발견이라고 해도 무에서 유를 창조할 수는 없다는 뜻이야. 그 안을 들여다보면 지난 세월 인류가 쌓아 온 업적들이 고스란히 담겨 있지. 위대한 발명일수록 앞선 발명품을 꼼꼼히 들여다보고 그걸 응용해서 만들어 낸 경우가 많아. 어때, 그럼 오늘은 집에 있는 고물 라디오나 전화기를 한번 분해해 볼까? 그것들이 어떤 원리로 작동하는지 알아야 좀 더 나은 발명품을 만들 게 아니겠어? 물론, 엄마 아빠한테 먼저 허락받는 거 잊지 말고!

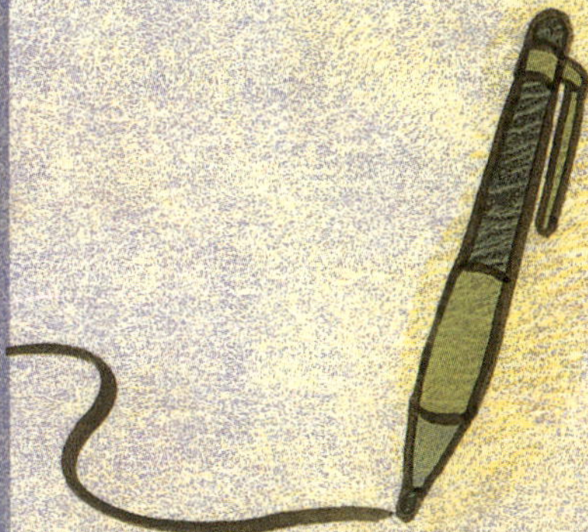

일곱 번째 마당

'필요'는 모든 발명의 출발점

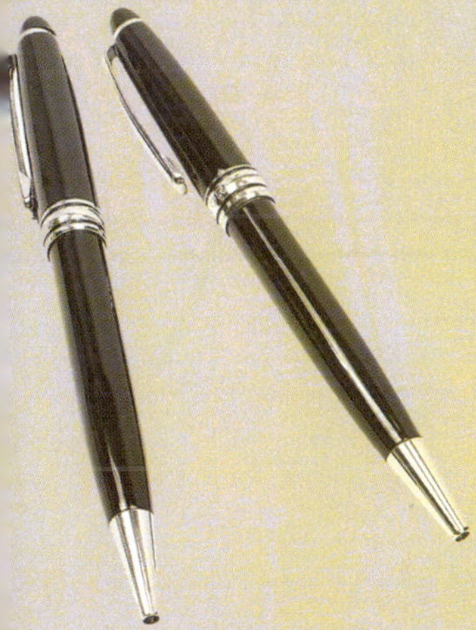

쓸모없는 발명, 쓸모 있는 발명

실수와 실패가 있었기에 더욱 멋지고 편리한 발명품이 세상에 나올 수 있었다는 사실을 잊으면 안 돼.

얼마 전에 쓸모없는 발명품에 관한 글을 보았어. 기발한 아이디어로 발명 특허를 받았지만 아무도 찾지 않은 발명품들에 관한 이야기야. 너도 한번 들어 볼래?

먼저 잠 깨우는 도구야. 원리는 간단해. 먼저 자명종에 추를 달아서 천장에 매달아 놓고 자명종이 울려도 깨지 않으면 추가 얼굴 위로 떨어지게 되어 있어. 아무리 깊이 곯아떨어진 사람이라도 이 도구에는 당해 낼 재간이 없겠지. 하지만 추가 얼굴에 떨어져서 크게 다칠 거라는 생각은 왜 못했을까. 게다가 이불이나 베개로 얼굴을 덮고 있으면 추는 아무 소용도 없어.

독수리나 매를 이용해 하늘을 나는 기구도 어엿한 발명품으로 등록되어 있어. 큰 독수리나 매에 재갈을 물린 다음 말을 몰듯 부리를 조종하면서 기구를 띄우는 거지. 그러나 이 발명품을 실제로 본 사람은 아무도 없어. 수백 수천 마리의 독수리나 매를 잡는 것도 일이고, 그걸 길들여서 조종하려면 얼마나 많은 시간이 걸리겠니? 만에 하나 기구를 띄우는 데 성공했다 하더라도 날카로운 부리와 발톱에 기구가 구멍이라도 뚫리는 날이면……. 어휴, 생각만 해도 아찔해.

사랑하는 연인들을 위한 장갑도 있지. 이 장갑은 연인들이 언제 어디서나 늘 손을 잡고 싶어 하는 데서 힌트를 얻었어. 손을 넣는 곳은 한 군데인데 손가락을 넣는 부분은 갈라져 있지. 손바닥은 닿아 있으면서 손가락은 따로 움직일 수 있도록 만든 거야. 그런데 이 장갑을 끼고 길을 가다 갑자기 장애물을 만나면 얼마나 난감할까. 사랑을 이어 주는 장갑이 아니라 몸을 부자유스럽게 하는 수갑처럼 느껴질 거야.

건강하려면 음식물을 오래 씹어야 한다는 데서 실마리를 얻은 알람 포크도 그럴싸하지. 이 포크에는 알람 기능이 있어서, 음식을 입안에 넣은 뒤 열심히 씹고 있으면 알람이 울려. 그때 음식을 삼키라는 거지. 하지만 먹는 기쁨이 넘쳐야 할 밥상에서 알람이 울려 대면 오히려 소화가 안 될걸.

어때, 재미있지? 이 밖에도 손잡이 옆에 꼬마전구를 붙인 우산, 모자 속에 고개를 숙이게 하는 기계 장치를 넣은 경례 모자, 성냥개비 한쪽을 이쑤시개로 만든 발명품도 유명한 실패작이야. 이 발명품들은 정말 많은 사람이 찾을 거라고 잔뜩 기대를 품고 세상에 나왔어. 그야말로 떡 줄 사람은 생각도 않는데 김칫국부터 마신 경우지.

이런 발명품들을 보고 있노라면 정말 싱거운 웃음이 터져 나와. '누군지는 모르지만 참 쓸모없는 걸 만들었군.' 하고 허탈해지지. 하지만 이 발명품들이 누군가의 필요를 충족시키기 위해서 태어났다는 사실만은 인정해야 할 거야. 그 누군가가 발명가 단 한 사람일지라도 말이야.

물론 똑같이 필요에서 시작했지만 그 결과는 달랐어. 다른 유명한 발명품들은 많은 사람에게 편리를 가져다주었지만, 앞서 말한 발명품들은 사람들의 웃음거리만 됐으니까. 그렇지만 이 발명품을 만든 발명가는 사람들에게 필요한 것을 새롭게 만들려고 노력했다는 점에 더 의미를 두었으면 좋겠구나. 이런 실수와 실패가 있었기에 더욱 멋지고 편리한 발명품이 세상에 나올 수 있었다는 사실을 잊어서는 안 돼.

내게 정말
필요한 게 무엇일까?

발명품을 생각해 내고 그걸 만드는 과정에서 기쁨을 느낄 수 있다면,
많은 사람이 찾지 않더라도 실패작이 아니라는 얘기야.

헝가리에서 태어난 라슬로 비로는 신문 기자였어. 신문 기자는 사건이 일어나는 현장에 누구보다 빨리 달려가 기사를 써야 해. 1930년대 당시에는 깃털로 만든 만년필에 잉크를 채워 글을 써야 했는데, 일 분 일 초를 다투는 기자에게 잉크를 자주 채워야 하고, 글도 재빠르게 쓸 수 없는 만년필은 여간 불편한 게 아니었지. 또 만년필 잉크는 빨리 마르지도 않아서 자칫 종이에 잉크가 번져 낭패를 보는 일도 잦았어. 라슬로는 잉크를 자주 채울 필요도 없고, 빨리 쓸 수 있고, 금세 마르는 필기도구를 간절히 원했단다. 그러던 중 신문을 인쇄하는 데 쓰는 잉크가 만년필 잉크보다 훨씬 빨리 마른다는 사실을 알게 되었어.

'그래! 이걸로 펜을 만들면 되겠네. 잉크가 번질 위험도 없으니 얼마나 좋아.'

라슬로는 신문 인쇄용 잉크를 만년필에 그대로 넣었어. 그랬더니 잉크가 만년필 안에서 굳어 버리는 거야. 아까운 만년필만 못 쓰게 되었지. 하기는 그렇게 쉽게 풀릴 일이었으면 이제껏 다른 사람들이 그걸 만들지 않았을 리 없지. 라슬로는 크게 낙심했어. 아무리 생각해도 뾰족한 수가 떠오르지 않았단다.

그러던 어느 날, 아침부터 날씨가 궂더니 아니나 다를까 비가 추적추적 내렸어. 라슬로는 그날도 사건이 일어나 급히 현장으로 달려가야 했지. 거리에는 여기저기 빗물이 괸 웅덩이가 생겨나 있었어. 라슬로가 어느 골목을 지나는데 아이들이 뛰노는 소리가 들렸어. 개구쟁이들이 비가 오는데도 골목에서 공을 차고 있었던 거야. 마침 한 아이가 공을 힘껏 차올렸어. 공은 물웅덩이를 지나 자국을 남기며 라슬로 쪽으로 데굴데굴 굴러 왔지. 그 순간 문득 어떤 생각이 라슬로의 머릿속을 스쳐 지나갔어.

집에 돌아온 라슬로는 당장 자신의 생각을 실행에 옮겼어. 그러고는 숱한 실패를 거쳐서, 물을 머금은 공이 길에 자국을 남기듯 잉크를 묻힌 아주 작은 쇠구슬이 종이에 잉크를 조금씩 흘려보내는 필기도구를 발명해 냈지. 요즘 우리가 흔히 사용하는 볼펜이 탄생한 거야.

하지만 처음에 볼펜은 사람들로부터 철저히 외면당했어. 라슬로는 1940년에 아르헨티나로 이주한 뒤 미국과 영국에 이 볼펜을 소개했지만 아무도 눈여겨보지 않았지. 물론 당시에는 기술이 발달하지 못해서 잉크가 잘 묻지 않고 쇠구슬도 자주 빠지곤 해서 쓰기가 좀 불편하기는 했어. 하지만 정작 더 큰 이유는 다른 데 있었단다. 볼펜이 만년필에 견주어 품위가 떨어지고 가벼워 보인다는 거야. 사람들은 볼펜이 신사에게 어울리지 않고 여자나 아이들이 장난감처럼 쓰기에나 적당하다고 라슬로에게 핀잔을 줬어.

쓸모 있는 필기도구가 놀림거리가 되어 영영 묻힐 뻔했지 뭐야. 다행히 볼펜은 십 년 뒤에 비로소 빛을 보기 시작했어. 볼펜을 만드는 기술도 점점 발달하고 찾는 사람도 늘어나면서, 이제는 해마다 천억 개가 넘게 팔리는 물건이 되었지.

역사의 뒤안길로 사라질 뻔한 또 다른 발명품 이야기를 해 줄게. 문구를 만드는 '3M'이라는 회사에서 있었던 일이야. 1960년대 말에 3M은 한번 붙으면 떨어지지 않는 강력한 접착제를 개발하고 있었어. 그런데 한번은 원료를 잘못 섞는 바람에 도리어 아주 쉽게 떼어지는 접착제가 나왔지 뭐야. 3M 사람들은 무척 실망했어. 아무짝에도 쓸모없는 물건이 만들어졌다며 거들떠보지도 않았지. 그렇게 5년이라는 세월이 훌쩍 지나갔어.

1974년 어느 날, 이 회사에 다니던 아서 프라이어라는 사람이 교회에서 예배를 보고 있었어. 그가 찬송가를 펼치려는데 그 사이에 끼워 두었던 종이쪽지들이 우수수 떨어지는 거야. 프라이어는 투덜거리며 종이쪽지들을 주워 담았어. 그러다 갑자기 놀라운 생각이 머리를 스쳐 지나갔어.

'맞아, 우리 회사 창고에 쌓여 있는 불량 접착제 말이야. 붙였다가 곧바로 깨끗하게 떼어 낼 수 있는 그 접착제를 여기에 사용해 보면 어떨까?'

프라이어는 곧바로 회사로 달려가서 메모지 한쪽에 접착제를 발라 붙여 보았어. 그의 예상은 제대로 들어맞았지. 메모를 해서 붙여 놓았다가 쓸모가 다하면 깔끔하게 떼어 내면 그만이었어. 프라이어는 이런 임시 메모지가 필요한 사람이 많을 거라며 회사에 상품으로 만들자고 제안했단다. 3M 일부 직원들은 고개를 갸우뚱했지만, 시험 삼아 몇 개 만들어서 내다 팔았지. 이 임시 메모지가 그토록 환영받으리라고는 누구도 상상 못했지만, 결과는 기대 이상이었어. 그게 바로 요즘 우리가 많이 쓰고 있는 '포스트잇'이야.

아마 네 책상과 공책에도 뭔가를 메모한 포스트잇이 붙어 있겠지? 접착제는 자고로 잘 붙어야 한다는 선입관 때문에 세상에 나오지도 못할 뻔한 포스트잇이, 이처럼 우리 메모 문화를 변화시킨 주인공이 되었단다.

어떤 발명품이 쓸모없이 버려질지 아니면 모든 사람이 필요로 하는 물건이 될지는 아무도 모르는 일이야. 그러니 무언가 거창한 발명을 하겠노라고 잔뜩 무게를 잡을 필요가 없어. 그보다 '내게 정말로 필요한 게 무엇일까?', '내가 정말로 재미있게 만들 수 있는 게 무엇일까?' 하고 스스로에게 물어봐. 자신과 전혀 상관없는 걸 억지로 쥐어 짜낸다고 훌륭한 발명품이 나올 리 없잖아. 지금 당장 남에게 웃음거리가 되더라도 자신에게 쓸모 있는 발명품을 신나고 재미있게 만들면 그만이지.

돌이켜 보면 발명품은 누군가가 살아가는 데 불편을 느끼거나 필요를 느낄 때 생겨나곤 해. 그게 그저 한 사람의 쓰임에 머무를지, 아니면 모든 사람이 쓸모 있게 받아들일지는 나중 일이지. 따라서 발명품을 생각해 내고 그걸 만드는 과정에서 기쁨을 느낄 수 있다면, 많은 사람이 찾지 않더라도 실패작이 아니라는 얘기야. 물론 많은 사람이 그걸 기쁘게 쓰게 되면 더욱 멋진 일이고.

앗, 놀다 보니 놀라운 발명이!

여덟 번째 마당

물리학자 파인먼의 열정엔 비결이 있다

책상 앞에 앉아서 끙끙댄다고 문제가 다 풀리지는 않아.
멋진 아이디어는 머릿속을 맑게 비울 때 찾아오는 경우가 더 많지.

리처드 파인먼은 노벨 물리학상을 받은 유명한 미국의 물리학자야. 사람들은 그를 아인슈타인 이후 최고의 물리학자로 평가하곤 하지. 그런데 파인먼은 물리학뿐만 아니라 다른 데서도 아주 빼어난 재능을 지니고 있었어.

파인먼은 늘 괴짜 같은 일을 꾸며서 주변 사람들을 즐겁게 해 주었지. 공부를 하다가 갑자기 바닥을 구르지를 않나 의자에서 펄쩍 뛰어오르지를 않나, 그러면서 이런 행동이 과학 이론을 몸으로 표현한 거라고 말하곤 했어. 또 파인먼은 금고털이 전문가였어. 아무리 어려운 암호로 되어 있는 금고라도 파인먼 앞에만 가져다 놓으면 맥을 못 추고 열리고 마는 거야. 그렇다고 실제로 금고 안에서 뭘 훔쳤다는 게 아니고, 금고 여는 놀이를 하면서 자신의 논리 능력을 시험해 본 거지. 밤에는 사람들과 어울려 왁자지껄 노는 걸 좋아했는데, 이럴 때면 봉고(라틴아메리카 전통 타악기)를 치며 분위기를 한껏 돋우기도 했단다.

파인먼은 어렵고 딱딱한 물리학을 쉽고 재미나게 풀어서 가르치는 데에도 탁월한 재주를 지녔어. 파인먼이 강의하는 곳은 늘 학생들로 북적였고, 온갖 감탄사와 웃음과 박수 소리가 끊이지 않았대. 파인먼이 강의한 내용을 엮어서 낸 책은 물리학을 전혀 모르는 사람도 쉽고 재미나게 읽을 수 있어서 대번에 베스트셀러가 되었지.

파인먼은 권위와 명예 따위에는 전혀 관심이 없었어. 노벨 물리학상 수상자로 뽑혔다는 소식을 처음 듣고서는 사람들이 자기를 못살게 굴 거라고 아주 귀찮은 표정을 지었대. 차라리 노벨상을 받지 말까 고민했다는구나. 남들은 못 받아서 안달이 난, 부와 명예를 얻을 수 있는 노벨상을 단지 사람들의 관심이 귀찮다고 포기하려는 생각은 정말이지 파인먼다운 발상이야. 그걸 지켜보던 부인이 "당신이 상을 안 받으면 사람들이 신기해 하며 더 귀찮게 할걸요?" 하고 달래자 그제야 마지못해 노벨상을 받았지.

덕분에 파인먼은 물리학자보다는 괴짜 학자로 더 이름을 날리곤 했단다. 여기서 한 가지 짚어 볼 게 있어. 이름난 학자라면 으레 점잔을 빼고 권위를 내세울 법도 한데 파인먼은 왜 그러지 않고 스스로 괴짜 같은 행동을 일삼았을까?

내 생각에는 그게 파인먼의 '쉼표'였던 거 같아. 쉼표라니 무슨 소리냐고? 말 그대로 쉬어 가는 거지. 파인먼이 보기에 물리학은 단지 아름답고 멋진 자연 현상을 이해하려는 소박하고 상식적인 학문일 뿐이야. 그런 매력에 빠져서 기쁘게 공부를 시작했을 테고. 그런데 자꾸 거기에 매달리다 보면 어느샌가 어렵고 복잡한 학문으로 바뀌고 말지. 파인먼은 물리학을 시작한 본디 마음을 잃지 않기 위해 쉼표가 필요했을 거야.

사람들은 파인먼이 천재라고 하지만 내 생각엔 타고난 개구쟁이 같아. 스스로 즐겁고 재미나게 생각하지 않으면 좀이 쑤시는 성격인 거지. 그런데 언제부터인가 온갖 어려운 숫자와 기호로 된 높은 장벽에 갇혀 버렸으니 개구쟁이 파인먼이 그 장벽을 그대로 두고 볼 수 있었겠니? 그래서 선택한 방법이 바로 쉼표였을 거야. 즐겁게 놀면서 삶의 에너지를 다시 채우는 거지. 그러면 장벽은 어느새 스르르 자취를 감추고 말아.

이처럼 쉼표는 우리 삶에 아주 중요한 부분이야. 앞서 얘기했던 아르키메데스만 해도 그래. 말하자면 아르키메데스에게 목욕탕은 하나의 쉼표였던 셈이지. 책상 앞에 앉아서 끙끙댄다고 모든 문제가 다 풀리지는 않아. 멋진 아이디어는 오히려 머릿속을 맑게 비울 때 찾아오는 경우가 더 많지. 뭔가 답답하고 짓눌린 듯한 환경에서는 좀처럼 좋은 생각이 떠오르지 않게 마련이잖아.

쉼표의 중요함을 알았던 중국의 수필가 린위탕도 이런 말을 남겼단다.

"기발한 생각은 차렷 자세를 하고 있을 때에는 생겨나지 않는 법이다. 인류의 역사를 바꾼 새로운 생각들은 아마도 대부분 화장실에서 떠올랐는지 모른다."

잊지 마. 멋진 생각은 쉼표에서 나온다는 사실!

인류는 놀이를 통해 비로소 한 단계 더 높은 생각으로 예술과 문화를 이룰 수 있었어.

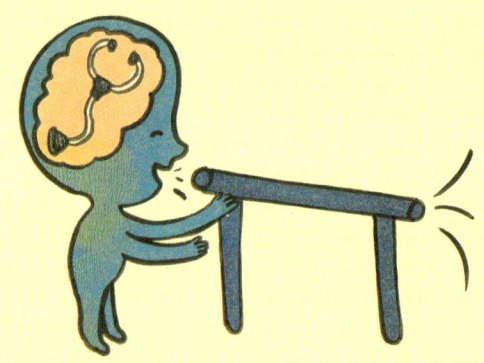

어른 아이 할 것 없이 즐겨 하는 훌라후프와 요요가 네 집에도 하나쯤 있을 거야. 훌라후프는 아주 작은 공간에서도 크게 힘들이지 않고 할 수 있는데다 운동과 다이어트에도 효과 만점이야. 요요는 또 어떻고! 요요를 던졌다가 줄을 낚아채서 되감아 올렸을 때 손맛이 얼마나 짜릿한지 몰라. 게다가 요요는 단순한 장난감 수준을 넘어서 거의 서커스에 가까운 기술까지 선보이는 세계 대회가 열릴 정도지.

그런데 말이야. 훌라후프와 요요를 한 사람이 발명했다면 믿을 수 있겠니? 여기에는 재미난 사연이 있어. 미국에 루이 마크스라는 사람이 살았단다. 루이 마크스는 어릴 적부터 학교 공부는 딴전이고 놀기에만 열중했어. 놀기 좋아하는 버릇은 커서도 바뀌지 않아서, 일은 뒷전이고 이곳저곳 돌아다니며 놀기에 바빴지. 그러다가 마크스는 1960년대 말 무렵에 아프리카를 여행하게 되었단다.

하루는 우연히 어느 시골 마을을 지나가다가 이상한 풍경을 보게 되었어. 마을 아이들이 나무덩굴로 둥근 테를 만들어서 허리에 두르더니 빙빙 돌리면서 노는 거야. 또 그 옆 아이들은 나무껍질로 만든 실에 꿴 둥글고 납작한 돌을 올렸다 내렸다 하며 놀고 있었어. 마크스는 한참 아이들이 노는 모습을 구경했지. 놀이에 푹 빠져 있는 아이들은 무척 즐겁고 행복해 보였어.

아프리카에서 돌아온 마크스는 아이들이 노는 모습을 떠올리며 훌라후프와 요요를 만들었지. 결과는 네가 아는 대로야. 온 세계 사람들 마음을 사로잡았지. 마크스가 만든 훌라후프와 요요는 아프리카 아이들의 놀이가 전해 준 근사한 선물이었단다.

놀이가 선물한 발명품으로는 '호핑'이라는 놀이 기구도 빼놓을 수 없지. 우리나라에서는 '스카이 콩콩'이라는 이름으로 더 널리 알려져 있어. 엄마 아빠가 너만 했을 때 유행한 놀이 기구라 좀 낯설지도 모르겠구나. 호핑을 발명한 사람은 일본의 스기토 사부로야. 어느 날 스기토는 극장에서 미국 농촌을 배경으로 한 영화를 보고 있었어. 그런데 영화에서 흑인 아이들이 '대나무 말' 같은 놀이 기구를 타고 신나게 노는 장면이 나왔어. 스기토는 깜짝 놀랐어. 자신도 어릴 적에 그 흑인 아이들과 비슷한 놀이를 즐겼던 기억이 떠오른 거야.

　'아! 미국 아이들도 저렇게 노는구나. 저 대나무 말처럼 생긴 놀이 기구를 만들면 틀림없이 인기를 끌 거야.'

　스기토는 그 길로 연구를 시작해서, 탄력이 뛰어난 스프링을 붙이고 발판과 손잡이를 달았단다. 이렇게 해서 아주 단순하고 간단해 보이는 놀이 기구 호핑이 탄생했어. 노는 방법도 간단해. 발판을 딛고 올라 균형을 잡고 콩콩 뛰는 게 전부야. 하지만 스카이 콩콩을 타고 있노라면 몸이 하늘로 훌쩍 나는 느낌이 들어. 그 상쾌한 기분은 이루 말할 수 없지. 이 멋진 놀이 기구는 곧바로 온 세계에 퍼져 나갔어. 사실 대나무 말 같은 놀이 기구는 미국과 일본뿐만 아니라 거의 모든 나라에 퍼져 있었거든. 그런데 대나무 말보다 한결 재미난 스카이 콩콩이 나왔으니 얼마나 신나는 일이었겠니.

놀이에서 발명의 실마리를 잡은 경우는 놀이 기구 말고도 또 있어. 대표적인 것이 의사들이 환자를 진찰할 때 쓰는 청진기란다.

프랑스 의사 라에네크는 1816년 어느 날, 루브르 궁전을 걷다가 뭔가 즐거운 놀이에 빠져 있는 아이들을 보았어. 찬찬히 보니 긴 막대를 사이에 두고 한쪽 아이가 막대 끝을 두드리면 반대쪽 아이가 그걸 귀에 대고 듣고 있었지. 아이들은 놀이를 통해서 그렇게 하면 소리가 더 잘 들린다는 사실을 이미 알았던 거야. 순간 어떤 생각이 라에네크 머릿속을 스쳤단다.

'옳지! 저 놀이를 잘만 이용하면 심장 소리도 들을 수 있을지 몰라. 심장 박동 소리를 제대로 들을 수 있다면 병을 치료하는 데 큰 도움이 될 거야.'

라에네크는 곧장 여러 가지를 실험해 보았어. 그러고는 마침내 청진기를 발명하기에 이르렀지. 청진기 발명은 사람 몸 안의 병을 진단하여 치료하는 데 아주 커다란 역할을 했단다. 아이들 놀이에서 얻은 생각이 수많은 생명을 살린 셈이야.

이 발명품들의 공통점이 무엇인지 알겠지? 맞아, 놀이 자체가 영감을 가져다주었다는 거야. 이 밖에도 놀이는 아주 많은 발명품을 만드는 데 도움을 주었단다. 하지만 이런 발명 사례들은 놀이가 가져다준 선물의 아주 작은 부분에 지나지 않아.

네덜란드 문화사학자 요한 호이징하는, 사람은 '놀이'를 하면서 비로소 여느 동물과 다른 '인간'으로 다시 태어나게 되었다고 말했단다. 그러니까 인간은 놀이를 하면서 먹고사는 문제에서 벗어나 자유로움을 느끼고 재미를 알게 되었다는 거야. 원시 시대 사람들은 하루 대부분을 먹고 자는 일에 힘을 기울여야 했어. 딴 생각을 할 겨를이 없었지. 그러다가 모처럼 큰 사냥감을 잡으면 배불리 먹고는 축제를 벌였어. 춤도 추고 노래도 부르고 벽에 그림도 그리면서 즐거운 한때를 보냈지. 내일 해가 뜨면 머릿속이 다시 먹고 자는 일로 가득하겠지만, 당장 이 순간만큼은 즐겁고 자유롭고 뭔가 알 수 없는 생각이 샘솟았을 거야. 말하자면 인류는 놀이를 통해 비로소 한 단계 더 높은 생각으로 예술과 문화를 이룰 수 있게 된 거지.

놀이야말로 가장 훌륭한 창조적 활동이라는 사실! 좀 어렵기는 하지만, 곰곰이 따져 보면 꼭 들어맞는 얘기야. 이걸 제대로 알려면 네가 직접 신나게 놀아 보는 게 가장 확실하겠지? 그러니 틈나는 대로 책상을 벗어나 어디건 사방이 트인 곳으로 나가서 친구들과 어울려 신나게 놀아 봐. 혼자 눈을 감고 팔을 벌리고 크게 숨을 내쉬고 노래를 흥얼거려도 좋아. 너만의 취미를 가져 보는 것은 어때? 파인먼처럼 엉뚱해도 괜찮아. 그렇다고 하루 종일 뛰어놀면서 "지금 나는 창조적 활동을 하고 있단 말이에요!" 하고 억지 부리지는 않겠지? 여기서 놀이는 열심히 일하고 난 뒤에 누리는 쉼표라는 사실을 잊으면 안 돼. 또 컴퓨터 게임을 취미로 삼을 수도 있지만 그건 정해진 규칙에 따라 반복되는 놀이잖니. 그보다는 몸도 마음도 상쾌해지는 취미가 좋겠어. 멋진 생각은 쉼표에서 나온다는 사실, 잊지 마.

뒷마당

천재는 스스로 만들어 가는 것

"뭐, 그거 별것 아니야."

사람들은 평소에 이런 말을 자주 쓰지. 비슷한 뜻으로 네 또래 아이들이 쓰는 "됐거든."이라는 말도 있어. 아마 너도 쓴 적이 있을걸. 사람들이 무심코 이 말을 쓸 때면 나는 갑자기 무서워지곤 한단다. 빛나는 것, 새로운 것, 아름다운 것도 "별것 아니야.", "됐거든."이라고 말하는 순간 갑자기 회색빛으로 변하고 시들어 없어지지. 다시 생각할 것도 없고, 두 번 볼 필요도 없는 것이 되어 버리니까.

반대로 생각해 보는 건 어떨까. 늘 보아 오던 것, 아무것도 아니라고 생각해 오던 게 사실은 '별것'이라고 한번 생각해 봐. '그게 뭘까?' 하고 물음표를 그려 보자는 거지. 그러면 나무조각 하나, 돌덩어리 하나도 다르게 보일 거야. 처음 보는 것처럼 낯설게 너에게로 다가올 게 틀림없어. 네가 여기에서 지금까지 들은 이야기들 모두 그렇지 않니?

천막을 만드는 천은 정말 별 볼일 없는 것이지. 더구나 일확천금을 노리던 사람들 눈에는 더 그랬을 거야. 그런데 그것으로 바지를 만들었을 때 어떤 일이 벌어졌니? 리바이는 금보다도 더 소중하고 빛나는 귀한 물건을 만들어 낸 거야.

철사에 가시를 붙인 조셉의 철조망도 그래. 누군가는 정말 별것 아니라고 비웃었을 테고, 누군가는 그것을 뛰어난 발명품이라고 여기지 않았을 거야. 그가 만든 철조망은 그냥 쇠줄에 가시를 붙여 놓은 것이었으니 말이야. 하지만 결과는 어땠어? 이 별것도 아닌 철조망 하나가 세계의 역사를 바꿔 놓고 말았잖아.

그뿐이니. 사람들은 페니실린을 발명한 플레밍을 아주 재수가 좋은 사람이라고 생각하기도 해. 우연히 열어 놓았던 창문으로 곰팡이균이 들어와 실험용 접시 위에 떨어졌으니 말이야. 그러나 그것은 플레밍의 눈에 띈 순간부터 더 이상 우연이 아니었어. 사람들 목숨을 앗아 가는 세균과의 싸움을 포기하지 않았고, 전통의 지혜를 소홀히 하지 않았기에 플레밍은 그 사소한 변화를 놓치지 않을 수 있었던 거야.

보통 사람들은 특별한 것도 평범하게 지나치지만, 앞서 생각하는 사람들은 평범한 것도 특별하게 바라본단다. 그리고 보통 사람들은 새것이 있어도 옛날 눈으로 바라보지만, 남보다 앞서 생각하는 사람들은 옛것에서도 새것을 찾아내지.

그런 의미에서 나는 천재는 타고나는 게 아니라 스스로 만들어 가는 거라고 생각해. 물론 남다르게 뛰어난 머리를 지닌 사람들도 있지만, 그걸로 아무것도 남기지 못하고 사라지는 사람들이 얼마나 많니. 오히려 똑똑하지 않더라도 고집스런 열정과 틀을 깨는 상상력으로 자신의 길을 가는 사람이 진정한 천재가 아닐까? 그리고 그 열정을 자유롭게 가다듬을 수 있는 쉼표 또한 아주 중요하지. 물리학자 리처드 파인먼이 그걸 증명해 보이고 있잖니.

네가 그런 사람이 되지 말라는 법은 없어. 아니 그들보다 훨씬 멋진 사람이 될 수 있어. 네가 지금껏 '별것 아닌 것'으로 여긴 대상에게 관심을 보이고 말을 걸어 보고 새로운 면을 찾을 수 있다면 말이야. 앞서 생각하는 사람이 되기 위해 거창한 뭔가가 필요한 건 아니야. 이처럼 마음가짐을 살짝만 바꾸면 돼. 이 작은 차이가 쌓이고 쌓여 나중에는 깊은 바다를 이루고 큰 산이 되는 거란다.

사진을 제공해 주신 곳
▶▶▶
연합뉴스

책 속의 책

나의 작은 발명사전

우리 생활을 바꾼 기발한 발명 이야기

발명이란 크고 대단한 게 아니야.
나와 내 친구, 내 가족들의 생활을 좀 더 편리하게
만드는 소박한 지혜가 곧 발명이지.
나의 작은 발명 사전에서는 우리가 매일매일 만나는
멋진 발명품들이 어떻게 만들어졌는지 보여 줄 거야.
자, 여기서 무엇을 보고 느낄지는 이제 네 몫이란다!

당신의 상처를
감싸 줄게요.
반창고

1920년 미국에서 있었던 일이야. 딕슨과 조세핀은 결혼한 지 얼마 되지 않은 신혼부부였어. 아내 조세핀은 요리가 참 서툴렀어. 칼에 베인다거나, 뜨거운 음식물에 데인다거나 해서 손이 멀쩡한 날이 없었지.

당시 딕슨은 외과 치료용 테이프를 제작하는 존슨&존슨 회사를 다니고 있었어. 그래서 의료 도구를 다루는 데 익숙했단다. 아내를 무척 사랑했던 딕슨은 조세핀이 다칠 때마다 붕대와 의료용 테이프를 가져와 치료해 주었지. 문제는 조세핀은 걸핏 하면 다치는데, 딕슨이 하루 종일 곁에 있어 줄 수는 없다는 거였어. 딕슨은 아내가 다쳤을 때 자기 없이도 혼자 치료할 수 있는 방법이 필요하다고 여겼지.

딕슨은 아내를 위해 응급 밴드를 만들어 보았어. 그리 어렵지는 않았어. 거즈를 조그맣게 잘라서 한쪽 면이 끈끈한 외과 치료용 테이프에 포개 놓으면 되었으니까. 하지만 미리미리 응급 밴드를 만들어 놓으려면 피부에 닿는 테이프의 끈끈한 표면이 마르지 않도록 어떤 방법을 찾아야 했어. 그 끈끈한 표면이 공기 중에 그대로

하나의 발명은 전 인류의 행복이다.

_ 헨리 픽쳐

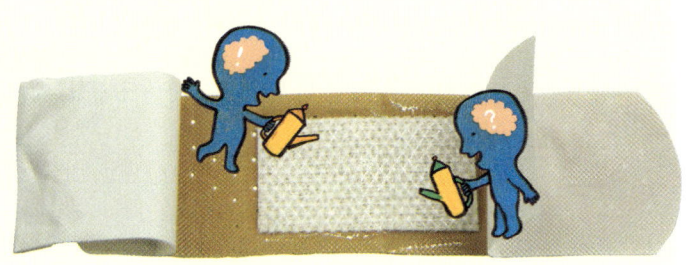

노출되어 있다 보면 먼지가 내려앉아 접착력이 떨어진다거나, 자칫 다른 데 들러붙을 염려가 있었으니까.

딕슨은 테이프에 덧대어 놓았다가 필요할 때 쉽게 떼어 낼 수 있는 천을 찾기 시작했어. 그리고 많은 실험 끝에 크리놀린 천이 테이프에 잘 붙고 떨어지는 성질이 있다는 사실을 발견하게 되었단다.

딕슨은 이 발명품을 회사에 가져가 사람들에게 보여 주었어. 회사에서는 그 멋진 물건을 당장 상품으로 만들어 내다팔았지. 일회용 밴드는 정말 날개 돋친 듯 팔려 나갔어. 덕분에 존슨&존슨은 세계적인 회사가 되었고, 딕슨은 부사장의 자리에까지 오르게 되었단다. 물론 아내 조세핀은 그 뒤로 혼자 있다가 손을 다쳐도 금방 치료할 수 있게 되었고 말이야.

반창고는 이렇게 아내를 사랑했던 한 남자의 따뜻한 고민에서 만들어진 거란다. 다친 곳을 감싸, 새살이 돋을 때까지 세상의 병균이나 위험한 것으로부터 지켜 주고 싶었던 마음 말이야.

딕슨의 반창고는 오늘날 다양한 용도와 모양으로 거듭나며 전 세계 사람들의 상처를 감싸 주고 있어. 발명은 때로 이렇게 작고 따뜻한 마음에서 시작되어 많은 사람들과 그 혜택을 나누는 것이란다.

남모르는 한숨과
눈물이 빚어 낸 발명
지퍼

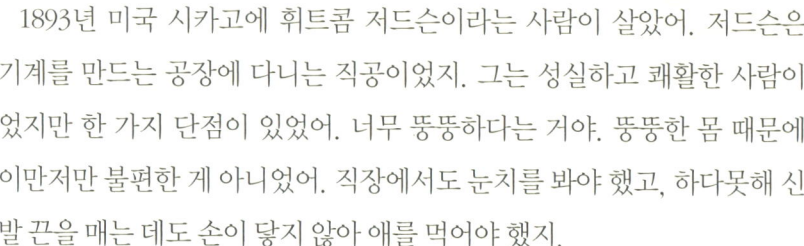

1893년 미국 시카고에 휘트콤 저드슨이라는 사람이 살았어. 저드슨은 기계를 만드는 공장에 다니는 직공이었지. 그는 성실하고 쾌활한 사람이었지만 한 가지 단점이 있었어. 너무 뚱뚱하다는 거야. 뚱뚱한 몸 때문에 이만저만 불편한 게 아니었어. 직장에서도 눈치를 봐야 했고, 하다못해 신발 끈을 매는 데도 손이 닿지 않아 애를 먹어야 했지.

결국 저드슨은 회사를 그만두어야 했단다. 하지만 저드슨은 실망하지 않았어. 몸이 뚱뚱하다고 아무 일도 못하는 건 아니잖아. 저드슨은 고민 끝에 자기를 괴롭히던 문제를 해결해 보기로 마음먹었지.

바로 신발을 손쉽게 신을 수 있는 방법을 발견하는 거야. 저드슨은 기계를 다루던 경험을 되살려 온갖 실험을 해 나갔어. 그리고는 마침내 금속 갈고리들을 서로 맞물리게 하는 장치를 개발했단다. 지퍼가 세상에 첫선을 보이는 순간이었어.

지퍼는 정말로 획기적인 발명이었지. 그러나 저드슨의 지퍼는 처음에는 그다지 눈길을 끌지 못했어. 저드슨이 개발한 지퍼는 투박하기 이를 데 없었거든. 잡동사니 기계들에서 구한 쇠사슬로 만든 지퍼를 누가 옷이나 신발에 쓰려고 했겠니. 게다가 옷이나 신발을 만들 때보다 더 많은 시간과 비용이 들었으니 말이야.

나의 여러 가지 발명 중
그 어느 것도 우연히 얻은 것은 없다.
그것은 꾸준함과 성실함으로 이뤄 낸 것이다.

_토머스 에디슨

하지만 딱 한 사람, 워커라는 군인은 지퍼를 조금만 더 보완하면 예사롭지 않은 물건이 되리라는 걸 알아챘어. 워커는 오랜 연구 끝에 지퍼를 대량으로 생산하는 기계를 발명했어. 덕분에 지퍼는 서서히 세상에 이름을 알리기 시작했지. 뒤이어 기데온 순드바크가 1913년에 지퍼가 열리지 않게 가운데 슬라이더를 고정해 주는 장치를 개발했어. 그리고 그 해에 군인 옷에 처음 지퍼를 달게 되었단다. 이때부터 지퍼는 헤아릴 수 없을 정도로 다양하게 사용되었어. 쓸모가 많아진 만큼 늘 새롭게 진화해 갔지.

지퍼는 오늘날 신발, 옷, 학용품을 비롯해 온갖 곳에 다 활용되어 우리의 시간과 노력을 단축시켜 주고 있지. 가끔은 그런 지퍼가 이 세상에 얼굴을 내밀기까지 한 청년의 눈물 어린 노력과 한숨이 있었다는 걸 떠올려 보자꾸나. 발명은 이렇듯 내게 주어진 현실을 극복하고자 하는 마음, 좀 더 나은 내일을 꿈꾸는 마음에서 비롯된다는 것도 말이야.

누런 이, 지독한 입 냄새 안녕~
나일론 칫솔

칫솔은 인류 최고의 발명품 중 하나로 손꼽힌단다. 그 단순하고 자그마한 칫솔이 뭐 그리 대단하냐고? 천만에. 칫솔 덕분에 사람의 수명이 평균 30년 정도 늘어났는걸. 칫솔질은 이 사이에 낀 음식 찌꺼기와 입안에 들어 있는 세균까지 없애 준단다. 칫솔 덕분에 튼튼한 이와 잇몸을 유지할 수 있는 거지. 생각해 봐. 칫솔이 없던 시절에는 젊은 나이에도 이가 없는 경우가 많았어. 이가 없으면 음식물을 씹어 삼킬 수 없잖아. 그러면 건강을 잃을 수밖에 없어.

그래서 그런지 옛날 사람들도 이를 소중하게 다뤄야 한다는 사실을 알고 있었나 봐. 기원전 3천 년경 이집트에서는 나뭇가지를 씹어서 이를 닦았다고 해. 칫솔다운 칫솔이 처음 생겨난 곳은 중국이야. 중국 사람들은 1500년경부터 뻣뻣한 돼지 털로 칫솔을 만들어서 썼는데, 이 칫솔은 나중에 유럽으로 건너갔단다. 칫솔은 유럽에서 큰 인기를 끌었어. 유럽 사람들은 이 신기하고 놀라운 물건을 자랑삼아 목걸이처럼 두르고 다니기도 했대. 또 서양 사람들은 돼지 털 대신 말 털을 주로 사용했지. 어쨌거나 칫솔이 서양 사람들의 건강에 큰 도움을 줬다는 건 두말할 나위 없지.

19세기에 들어 프랑스 세균학자 루이 파스퇴르가 세균을 발견하면서 칫솔은 커다란 변화를 겪었어. 이때부터 사람들은 칫솔을 뜨거운 물에 소독해서 쓰게 되었지. 또 칫솔을 여러 사람이 돌아가며 쓰는 습관도 사라졌

> 처음에 엉뚱하게 보이지 않는 아이디어라면
> 희망이 없다.
>
> _ 알버트 아인슈타인

어. 사실 동물 털로 만든 칫솔은 귀하고 비싸서 몇몇 사람만 사용하던 물건이었지. 또 그 품질이야 오죽했겠니. 그러니 대부분 사람들은 옛날 이집트 사람들처럼 나뭇가지와 풀로 양치하는 수준이었어. 징그러운 누런 이와 지독한 입내라니, 생각만 해도 끔찍해!

1938년, 이 문제를 대번에 해결한 발명품이 등장했단다. 미국에서 나일론으로 칫솔모를 만든 칫솔이 발명된 거야. 사람들은 이때부터 비로소 값싸고 질 좋은 칫솔을 쓸 수 있었어.

그러고 보면 동양에서 처음 발명해서 서양으로 건너간 발명품이 아주 많아. 칫솔을 비롯해서 종이, 나침반, 화약, 인쇄술도 모두 그렇잖아. 동양의 수많은 발명품이 바탕이 되었기에 오늘날 서양이 문명을 발전시킬 수 있었다는 얘기지.

자연에서 얻은 깜찍한 지혜
벨크로 테이프

　인류의 발명품 가운데는 동물이나 식물의 특성에서 실마리를 얻은 경우가 많아. 비행기는 새가 나는 모습에서, 지하철은 두더지가 땅속을 돌아다니는 모습에서 힌트를 얻었지. 또 굴삭기는 사마귀 앞발을, 물갈퀴는 오리발을, 낙하산은 민들레 씨를 본뜬 발명품이야. 참, 그러고 보니 본문에서 양치기 조셉은 가시덤불을 본떠서 철조망을 만들었구나. 이제 소개할 발명품도 자연에서 지혜를 빌려 온 거란다.

　스위스 사람 도메스트랄은 사냥에 푹 빠져 지냈어. 1935년 어느 화창한 가을날에도 여느 때와 다름없이 사냥길에 나섰지. 산속을 뒤지던 도메스트랄은 저 멀리 토끼를 발견하고는 재빨리 쫓아갔어. 토끼는 동작이 아주 재빨라서 놓치기 십상이지. 도메스트랄은 풀숲을 헤치며 정신없이 내달린 끝에 가까스로 토끼를 잡을 수 있었단다. 그제야 숨을 돌리고 몸을 둘러보니 정말 가관이었어. 옷에 우엉 열매 가시가 온통 더덕더덕 붙어 있었지. 도메스트랄이 아무리 옷을 털어도 우엉 열매 가시는 좀처럼 떨어져 나가지 않았어.

　도메스트랄은 왜 우엉 열매 가시가 떨어지지 않는지 궁금했어. 그래서 집으로 돌아와 돋보기로 들여다보았지. 그럼 그렇지. 가시 끝이 갈고리처럼 구부러져 있었어. 사실 그 갈고리는 우엉이 종족을 퍼뜨리는 생존 전략

> 창의력은 단지 이것저것을 연결하는 능력이다.
> 창의적인 사람에게 어떻게 해냈는지 물어보면
> 그들은 약간의 죄책감을 느낄 것이다.
> _ 스티브 잡스

이란다. 그 갈고리로 지나가는 동물들 몸에 단단히 들러붙어서 씨앗을 퍼트리는 거지.

　도메스트랄은 순간 우엉 열매 가시를 본뜬 멋진 아이디어가 떠올랐어. 도메스트랄은 한쪽 천에는 갈고리 모양 화학 섬유를, 다른 천에는 둥그런 고리 모양 실을 촘촘히 붙였지. 그러고는 두 천을 붙여 보았어. 역시나 도메스트랄의 예감이 맞았단다. 두 천은 한껏 맞물린 채 어지간한 힘에도 떨어지지 않았어. 다만 귀퉁이부터 들어 올리면 '지직' 소리를 내며 손쉽게 떼어졌지. 여간 신기하고 편리한 게 아니었어.

　도메스트랄은 곧장 회사를 차려서 이 마법 테이프를 세상에 내놓았고, 사람들의 인기를 독차지했지. 이 마법 테이프는 도메스트랄이 세운 회사의 이름을 따서 '벨크로 테이프'라고 불린단다. 오늘날 우리나라에서는 흔히 '찍찍이'라고 부르지. 우엉 열매 가시에서 지혜를 빌려 왔으니 '우엉 테이프'라고 부르는 게 더 좋을 거 같은데 말이야.

조금만 기다려요.
내가 해결해 줄게요!
헨리 아처의 구멍 뚫기 기계

혹시 이메일 대신 편지를 즐겨 쓰는 친구가 있는지 모르겠다. 편지를 써서 보낼 때 빠뜨리지 말아야 할 게 하나 있어. 우표 말이야. 우표는 저마다 크기나 모양이 제각각이지만 한 가지 공통점이 있어. 우표를 자세히 보면 테두리를 따라 반달 모양으로 일정하게 잘려 있지. 우표 두 장을 잇대어 보면 가운데 선을 따라 동그란 구멍이 숭숭 뚫려 있는 꼴이야. 왜 이렇게 구멍을 뚫어 놓았을까? 그 비밀을 알려면 1854년 영국으로 거슬러 올라가야 해.

헨리 아처는 기차에서 내려 놓은 물건을 주소지까지 나르는 사람이었어. 아처가 나르는 물건 가운데는 우체국으로 가는 편지도 있었지. 아처는 우체국에 갈 때마다 한 아가씨를 유심히 눈여겨보았단다. 그 아가씨는 하루에도 수백 장의 우표를 가위로 자르는 게 일이었어. 덕분에 아가씨 손에는 멍이 가실 날이 없었지. 아처는 그 시퍼런 멍이 늘 마음에 걸렸어.

그러던 어느 날, 아처는 무심코 바늘로 종이에 구멍을 내며 시간을 보내고 있었지. 그런데 뒤이어 놀라운 일이 일어났어. 숱하게 바늘구멍이 난 종이에 살짝 힘을 줬더니 종이가 스르륵 둘로 나뉘는 거야. 아처는 순간 우체국 아가씨의 시퍼런

창의적인 삶을 살고 싶다면,
실수에 대한 두려움부터 버려야 한다
_ 조셉 칠턴 피어스

멍이 떠올랐어.

'그래, 우표에 작은 구멍을 내면 굳이 가위를 쓸 필요가 없잖아! 그러면 그 아가씨 손에 멍도 사라지겠지.'

아처는 재봉틀을 구해서는 연구를 시작했어. 기계의 원리를 전혀 모르니 실패가 거듭되었지만, 그때마다 아처는 우체국 아가씨의 손을 떠올리며 포기하지 않았지. 그러고는 결국 종이에 자그마한 구멍을 뚫는 기계를 만들어 냈단다. 때마침 영국에서는 새로운 우편 제도가 생겨나던 참이었어. 아처가 개발한 기계는 그 우편 제도가 빠르게 자리 잡는 데 큰 도움이 되었단다.

헨리 아처는 '기계'의 '기' 자도 모르는 사람이었어. 하지만 이름 모를 아가씨의 아픔을 해결해 주고 싶었던 마음이 헨리 아처를 발명가로 만들어 놓았지. 해결하고 싶은 일이 있다면 절대 그 생각을 내려놓지 말아야 해. 언젠가 너에게도 생각지 못한 '기회'가 찾아올지도 모르니까 말이야.

네가 없는 세상은
상상할 수 없어.
플라스틱

'상아를 대신할 당구공을 만드는 사람에게 상금 1만 달러를 드립니다.' 1860년대 미국 뉴욕 거리에는 이런 광고가 내걸렸대. 이게 무슨 말이냐고? 당시 미국에서는 당구가 크게 유행했어. 그런데 그때만 해도 당구공을 만드는 재료는 다름 아닌 코끼리의 엄니, 상아였단다. 상아는 당구공뿐만 아니라 온갖 생활용품과 장식품을 만드는 데 쓰였어. 사람들 욕심에 얼마나 많은 코끼리가 사라졌을까 생각하면 참 슬픈 일이지. 아니나 다를까, 상아를 흥청망청 쓰면서 아프리카 코끼리 수가 급격히 줄어들었어. 상아는 어지간한 보석보다 비싸게 팔렸지만, 그마저 더 이상 구할 수 없을 정도였지. 상아가 사라지자 당구공 제조업자들도 비상이 걸렸어. 그들은 고심 끝에 상금을 내걸고 상아를 대신할 물질을 찾아 나섰단다.

마침 존 웨슬리 하이어트가 그 광고를 보고 새로운 물질을 만드는 데 도전했지. 그리고는 마침내 1869년에 나이트로셀룰로스와 장뇌라는 화합물을 섞어서 단단하고 탄력이 있는 물질을 만드는 데 성공했단다. 하이어트는 이 물질에 '셀룰로이드'라는 이름을 붙이고 회사를 차렸어. 셀룰로이드는 쓸모가 아주 많았지. 틀니, 상자, 단추, 자, 필름을 비롯해서 갖가지 물건을 만드는 데 안성맞춤이었어. 이 놀라운 합성 물질은 사람들에게 큰 인기를 끌었단다.

한편 1907년에는 리오 베이클란드라는 벨기에 사람이 새로운 합성 물질

남들의 진기하고 재미난 아이디어들을
그대로 보아 넘기지 말게.
자네가 안고 있는 문제를 풀기 위해
그것들을 응용할 때
그것은 이미 자네의 독창적인 아이디어가 되는 걸세.

_토머스 에디슨

을 만들어 냈어. 이 합성 물질은 처음에 열을 가하면 물러졌다가 한 번 더 높은 열과 압력을 가하면 그 모양대로 단단하게 굳어졌어. 뒤이어 점점 더 많은 합성 물질이 세상에 선보였고, 모양을 만들어 내기 좋은 물질이라는 뜻의 '플라스틱'으로 불렸단다.

오늘날 플라스틱이 없는 세상은 상상할 수 없어. 네 주변을 한번 둘러봐. 거의 모든 물건에 플라스틱이 들어가 있어. 플라스틱은 인류가 발명한 쓸모 있는 물질 가운데 하나로 영원히 기억될 거야. 다만 한 가지 문제가 있어. 성질이 단단하고 변하지 않는 것까지는 좋은데, 그게 너무 지나쳐서 영원히 썩지 않는다는 거지. 쓸모를 다한 플라스틱을 자연으로 돌려보내는 방법을 찾을 수 있다면 플라스틱에 버금가는 발명이 될 텐데 말이야.

나의 꿈, 나의 생각에 날개를 달아 주는
이어령의 춤추는 생각 학교 시리즈를 소개합니다.

**대한민국 국보급 지성
이어령이 쓴
어린이를 위한
창의력 교과서**

이 시리즈는 지난 50여 년 간 '이 시대 최고의 지성인'이라 불리며 150여 권의 저서를 남긴 이어령 선생님이 쓴 유일한 어린이 책입니다. 이어령 선생님은 빠르게 변하는 정보화 사회에서 어린이들에게 가장 필요한 것은 '가슴으로 생각하고, 머리로 느끼는 유연하고 창조적인 사고'라고 이야기합니다. 이 책에서는 창의적인 생각을 키우는 이어령 선생님만의 특별한 생각 연습법들을 어린이 눈높이에 맞춰 풀었습니다.

**개념 정리에서
응용 방법까지……
생각의 모든 것을 담았다!**

이 시리즈는 우리 어린이들이 일상생활에서 쉽게 생각의 힘을 키워 나갈 수 있도록 그 방법들을 체계적으로 구성하였습니다. 일곱 가지 생각 도구들을 이야기하는 1권 《생각 깨우기》와 여덟 가지 생각 원칙을 이야기한 2권 《생각을 달리자》를 비롯해, 우리말로 생각하기, 한국인으로 생각하기, 발명·발견으로 생각하기, 환경 보고 생각하기 등 전 10권으로 되어 있습니다. 학교와 집에서 보고 배우는 모든 것들에서 생각을 발견하고, 키우고, 응용하고, 새로운 생각으로 발전시킬 수 있는 방법들을 담았습니다.

**생각 학교에서 놀다 보면
창의적인 생각이 자란다!
생각이 즐거워진다!**

이 시리즈는 쉽고 재미있는 이야기로 쓰여 있습니다. 흥미진진하게 전개되는 맛깔난 이야기들을 따라가다 보면 '아, 생각은 이렇게 하는 거구나!' 하고 저절로 깨닫게 됩니다. 또한 각 이야기마다 지식 하나에서 여러 가지 의미를 발견하고, 이를 섞고 버무리며 다양한 관점에서 생각해 볼 수 있게 하고 있어, 책을 읽다 보면 생각이 꼬리에 꼬리를 물고 뻗어 나가는 놀라운 경험을 할 수 있을 것입니다.

**다양한 분야의 지식과
정보를 넘나드는
통합 교양 상식 백서**

이 시리즈에는 방대한 지식과 교양이 담겨 있습니다. 엉뚱한 호기심, 작은 생각 하나로 세상을 변화시키고 인류의 삶을 풍요롭게 만든 인물들의 이야기, 그리고 동·서양의 문화 속에 녹아 있는 다양한 생각과 정서까지…… 옛이야기와 신화, 그리고 역사, 인물, 예술, 과학 이야기를 넘나들며 다양한 교양과 지식을 맛볼 수 있게 했습니다.

**생각의 힘을 더하는
철학적인 그림!**

이 책의 그림들은 책 내용을 상징적이고 추상적으로 표현해 내며 아이들의 상상력을 자극합니다. 그림 속 숨은 의미들을 생각하며 읽어 나가는 사이 아이들의 사고력은 한 뼘 더 자라날 것입니다.

**내 생각이 근질근질해지는
책 속의 책 '생각 사전'**

부록 '책 속의 책_나의 작은 생각 사전'에는 책의 내용에서 한 발 더 나아가 책 속에서 얻은 지식들을 '내 것'으로 만들 수 있도록, 보다 구체적인 실례들을 담았습니다. 부모님들과 아이들이 함께 만들어 가는 장으로, 이 책을 읽는 어린이들이 아는 것에 그치지 않고 매일매일 생각하는 습관을 만들어 나갈 수 있게 도울 것입니다.